Winfried Dahlke / Günter G. A. Marklein

ORGANEUM

Orgelakademie Ostfriesland

ISENSEE VERLAG OLDENBURG

Inhaltsverzeichnis

Ein Haus für die Orgeln 3

Die Sammlung historischer Tasteninstrumente 10

Orgeln und Orgelmodelle 13

Die Cembalo-Sammlung 33

Das Clavichord 46

Die Klavier-Sammlung 50

Das Harmonium 58

Druckwindharmonien 61

Saugwindharmonien 74

Anhang - Erläuterungen der einzelnen Instrumentenfunktionen 87

Arp Schnitger - Meister des Orgelbaues... 92

Die Autoren 95

ORGANEUM
Orgelakademie Ostfriesland

Ein Haus für die Orgeln

Das ORGANEUM ist das Zentrum für die Orgelkultur in Ostfriesland. Der Name leitet sich von dem griechischen Wort „organon – Werkzeug-Instrument" ab und verbindet diesen Wortstamm mit der Endung "-eum" für eine Bildungseinrichtung. Das ORGANEUM beherbergt eine weltweit beispielhafte Sammlung spielbereiter historischer Tasteninstrumente, die in den historischen Räumen der ORGANEUM-Villa ganzjährig vorgeführt werden können. Rund drei Dutzend Tasteninstrumente, Orgeln, Cembali, Clavichorde, Tafelklaviere und Harmonien repräsentieren ein Klangspektrum von der Renaissance bis zur Spätromantik.

Treppeneingang aus Blaustein

Arp Schnitger in Weener

In der mittelalterlichen Georgskirche Weener, die aufgrund ihrer ausgewogenen Akustik zu den besten Konzerträumen des Nordwestens zählt, befindet sich eine der beiden erhalten ostfriesischen Arp Schnitger-Orgeln. Arp Schnitger (1648-1719) war zu seiner Zeit die dominierende Orgelbau-

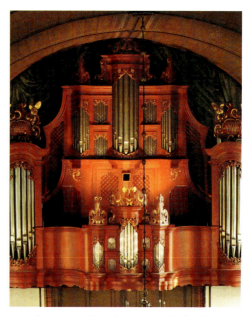

Arp Schnitger-Orgel von 1710 in der Georgskirche in Weener

erpersönlichkeit im Bereich von Hamburg bis Groningen. Er führte die norddeutsche Orgelbaukunst zu ihrem Gipfelpunkt. In seinem schaffensreichen Arbeitsleben hat Arp Schnitger etwa 170 Instrumente neu erbaut oder wesentlich weiterentwickelt. Um seine Projekte zu verwirklichen, die sogar Lieferungen bis nach Portugal und

Russland umfassten, unterhielt Schnitger mehrere Werkstätten an verschiedenen Standorten. In Groningen wurde seine Werkstatt bis zu Beginn des 19. Jahrhunderts in dieser Tradition weitergeführt. Rund 30 erhaltene Instrumente künden noch heute von der überragenden Kunstfertigkeit dieses Meisters. Die Arp Schnitger-Orgel in Weener wurde im Jahr 1710 fertiggestellt. Dabei wurden auch private Bande geknüpft: Am 29. Oktober 1710 heiratete Arp Schnitger jr. die Tochter Gloda Maria Margareta des französischen Stallmeisters Simon de Courgelon und seiner Ehefrau Hiske, geb. Hesse. Der Geselle Nikolaus Stoever, der am Orgelbau ebenfalls beteiligt war, heiratete am 6. November deren Schwester Marta Barbara de Courgelon.

Im Mittelpunkt der Regionen

In den 1990er Jahren bot sich für die Stadt Weener die Gelegenheit, in der Nähe der Georgskirche in der Norderstraße die heutige ORGANEUM-Villa mit Fördergeldern des Landes Niedersachsen und der Europäischen Union für die Einrichtung eines Orgelzentrums zu restaurieren. Initiator dieses Projekt war Prof. Harald Vogel, Begründer der Norddeutschen Orgelakademie im Steinhaus Bunderhee, der das ORGANEUM von 1997 bis Mitte 2002 ehrenamtlich leitete. Der staatlich anerkannte Erholungsort Weener liegt verkehrstechnisch günstig an der Autobahn A 31 und verbindet Ostfriesland mit dem Emsland und der angrenzenden Grafschaft Bentheim, die in der kirchlichen Verwaltung heute zusammengehören. Außerdem befindet sich Weener in Grenznähe zur benachbarten niederländischen Provinz Groningen mitten im Gebiet der Ems-Dollart-Region (EDR).

Tor zur Orgellandschaft

Das ORGANEUM in Weener ist von einer einzigartigen historischen Orgellandschaft umgeben, die sich von den niederländischen Provinzen Groningen und Drenthe über Ostfriesland und das Elbe-Weser-Dreieck bis nach Hamburg erstreckt. In der ostfriesischen Kulturlandschaft repräsentieren rund 150 Denkmalorgeln und zahlreiche beispielhafte Neubauten eine Kontinuität ostfriesischer, norddeutscher, niederländischer und westfälischer Orgelbautraditionen, die vom 15. bis zum 21. Jahrhundert das Klanggedächtnis eines dreiviertel Jahrtausends repräsentieren. Die italienische Orgel in Rhede, die französische Barockorgel in Stapelmoor und die englische Orgel in Jemgum erweitern diese Klanglandschaft um die Aspekte der Europäischen Orgelstraße. Als Ausgangspunkt regelmäßiger

Französische Barockorgel in Stapelmoor

Orgelexkursionen in alle Himmelsrichtungen ist das ORGANEUM in Weener das Tor zur reichsten Orgellandschaft der Welt.

Wege zur Orgel
Haus der Klänge – Sammlung historischer Tasteninstrumente

Das ORGANEUM ist es ein klingendes Museum, das in musikalischen Führungen Einblicke in die faszinierende Welt historischer Tasteninstrumente vermittelt. Eine Führung im ORGANEUM kann mit der Präsentation der Arp Schnitger-Orgel in der Georgskirche verbunden werden. Auf Wunsch wird für Gruppen gerne eine ostfriesische Teetafel ausgerichtet oder ein musikalisches Ereignis mit Bewirtung organisiert.

Orgelexkursionen und Veranstaltungen im Organeum

Auf Orgelexkursionen werden berühmte Denkmalorgeln in ganz Ostfriesland und den Nachbarregionen zum Klingen gebracht. Unter dem Titel „Serenade" wird zu abendlichen Hauskonzerten in das ORGANEUM eingeladen.
In der Reihe „Musik im Gespräch" werden Einführungsvorträge mit Musikbeispielen an der Ahrend-Hausorgel angeboten.

Angebote für Schulklassen
Mit speziellen Programmen für Schulklassen wendet sich das ORGANEUM der Musikvermittlung für junge Leute zu, um die Begeisterung für die Orgel an die junge Generation weiterzugeben. Das ORGANEUM bietet dazu drei verschiedene Veranstaltungsformen an: Die Orgel im Klassenzimmer, Organeumsführungen für Schulklassen und Orgelvorstellungen im Heimatort. Die Angebote für Schulen sind kostenlos und werden durch den Verein Orgelmusikkultur in Ostfriesland e.V. (OMGO) gefördert.

Fortbildung
Das ORGANEUM veranstaltet Kurse und Seminare für Orgelschüler, nebenamtliche Kirchenmusiker und Orgelstudenten. Es lädt zu eigenen Fortbildungen ein und gestaltet Akademien und Studienwochen in Zusammenarbeit mit Hochschulen und Ausbildungsstätten aus dem In- und Ausland.

Die ORGANEUM Villa in der Norderstraße.

Orgelforschung

In wissenschaftlichen Einzelprojekten widmet sich das ORGANEUM der Orgelforschung und veröffentlicht eigene Publikationen in der Reihe „Das ORGANEUM in Weener – Studien zur Orgelkunde".

Struktur

Das ORGANEUM wurde 1997 auf Initiative von Prof. Harald Vogel gegründet und als Einrichtung der Ostfriesischen Landschaft vom Land Niedersachsen gefördert. 2001 wurde das ORGANEUM in die Trä-

Gusseiserne Treppe ins Obergeschoss

gerschaft der Ostfriesland-Stiftung überführt. Seit Juli 2006 wird das ORGANEUM von der Ostfriesland-Stiftung der Ostfriesischen Landschaft, der Evangelisch- reformierten Kirche und der Stadt Weener (Ems) als ORGANEUM – Orgelakademie Ostfriesland in Kooperation getragen. Unterstützung erfährt die Einrichtung auch durch den Förderkreis ORGANEUM in Weener e.V., durch den Verein Orgel- und Musikkultur in Ostfriesland e.V. (OMGO) und durch private Förderer, die es durch großzügige Zuwendungen ermöglichten, die Instrumentensammlung zu vergrößern und zu profilieren.

Landschaftliches Engagement
Die Ostfriesische Landschaft, die Oldenburgische Landschaft, der Landschaftsverband Stade und der Lüneburger Landschaftsverband unterhalten gemeinsam das Orgelnetzwerk NOMINE (Norddeutsche Orgelmusikkultur in Niedersachen und Europa e.V.), in welches das ORGANEUM eingebunden ist.

Zur Geschichte des Hauses
Die ORGANEUM-Villa wurde im Jahre 1870-1873 durch den Architekten Stüve entworfen und diente als Wohnhaus für zwei unverheiratete Töchter des Jan Hesse. Die beiden Fräulein Johanna und Deddine wohnten hier fortan bis an ihr Lebensende. Das repräsentative Gebäude nimmt den Platz ein, der vormals für drei Häuser diente. Davon wurden zwei im Jahre 1867 abgebrochen und das dritte wurde als Nebengebäude in den Neubau integriert. Nachdem Deddine im Jahr 1886 gestorben war, bewohnte Johanna Hesse das Haus alleine. Sie starb am 20. Juli 1892.

Der Erbauer der Villa Jan Hesse

In ihrem Testament hatte Johanna Hesse ihrer Nichte Jeannette, verheiratet mit Peter Pannenborg, den lebenslänglichen Nießbrauch „meines durch mich selbst bewohnten Hauses Nr. 296 nebst Stallung mit dem dazugehörigen Garten, der dahinter liegenden Wiese, dem nördlich davon liegenden Gemüsegarten sowie der südlich der Wiese liegenden Anlage mit allem, was darin und darauf steht samt der Gartenwohnung und dem Gartenhause" vermacht. Daraus lässt sich entnehmen, wie weitläufig damals die Grünanlagen um die schmuckvolle Villa gewesen sind. Der heute verbliebene Garten ist mit seinem artenreichen Baumbestand und den harmonisch angelegten Wegen immer noch ein besonderes Refugium inmitten der Stadt.
Im gleichen Testament hatte Johanna Hesse an späterer Stelle bestimmt: „Nach dem Tode des Längstlebenden der Ehe-

Flur zum Garten

bis gegen Kriegsende (sie starb im Mai 1945) zeitweise bewohnte. Das Haus ging 1946 in den Besitz von Dr. med. Enno Kempe über, der es als letzter der Familie bewohnte und vor seinem Fortzug nach Hahnenklee verkaufte. Heute ist die Stadt Weener Eigentümerin des Hauses.

Beschreibung der ORGANEUM-Villa
Eine phantasievolle Stilmischung

Das historische Gebäude gehört zu den wenigen in der Bausubstanz fast unverändert erhaltenen Beispielen einer großbürgerlichen Stadtvilla, die den Landsitzen reicher Bürger der Hansestädte nachempfunden war. Die Architektur des Hauses kann dem Eklektizismus zugerechnet werden, denn es zeigt eine Stilmischung aus sehr unterschiedlichen Elementen:

- den neugotischen Stil englischer Prägung, insbesondere in der äußeren Erscheinung
- den Typus des niederländischen Stadthauses mit einem durchgehenden Flur, der einen Blick in den rückwärtigen Garten erlaubt (typisch ist der Fußboden dieses Flurs aus einem Muster von weißen und schwarzen Marmorfliesen)
- das Konzept des antiken Atriums in der Mitte des Hauses, in welches das Licht von oben einfällt mit einer gemalten

leute Peter Pannenborg und Jeannette, geborene Hesse, sollen für den Fall, dass aus deren Ehe keine Kinder hervorgehen oder solche vorher versterben sollten..., deren Erbteil an den bzw. die Erben fallen, welcher resp. welche mein Wohnhaus dauernd persönlich bewohnen will bzw. wollen. Melden sich dazu mehrere dieser Erben, so soll das Los entscheiden." Als Frau Jeannette Pannenborg, geb. Hesse, im Mai 1936 kinderlos starb, wurde entsprechend verfahren. Das Los fiel auf die Schwester der Verstorbenen, Frau Magdalene Kempe, geb. Hesse, die dann das Haus

Buntglasfenster über dem Atrium

Marmorierung im oberen Treppenhaus, die an die „pompeianische" Mode des früheren 19. Jahrhunderts anknüpft
- die gusseiserne Treppe im neugotischen Stil in ihrer reich verzierten Konstruktion, die den damaligen technischen Fortschritt repräsentiert und die dazu beiträgt, dass das Treppenhaus hell und leicht wirkt

Reliefs im Flur

- die beiden Reliefs im Eingangsflur mit den allegorischen Darstellungen von Literatur und Musik
- die sehr luxuriös gestalteten Stuckdecken, die überwiegend in ihrer alten Fassung mit raffinierter Schablonenmalerei wieder hergestellt werden konnten.

Heute wird dieser „romantischen" Stilmischung wieder eine große Wertschätzung entgegengebracht. Mit der Restaurierung dieses Gebäudes wurde in den 1990er Jahren ein wichtiger denkmalpflegerischer Akzent in dieser Region gesetzt. In den Jahren 2012 und 2013 wurde die ORGANEUM- Villa innen und außen er-

Stuckdecke im Flur

neut grundlegend renoviert. Die Treppeneingänge aus Sandstein und Blaustein wurden restauriert und auf der Gartenseite wurden Balkon und Wintergarten rekonstruiert. Vom Seiteneingang am Parkplatz lässt sich das Hochparterre nun über einen Treppenlift barrierefrei erreichen.

Gartenfest 2014

Die Sammlung historischer Tasteninstrumente

Die Pfeifenorgel und ihre Funktion

Der Blick in eine Pfeifenorgel eröffnet dem Betrachter eine faszinierende Welt mechanischer und akustischer Zusammenhänge. Im Hinblick auf die Vielgestaltigkeit und Individualität der in einer Orgel zusammenwirkenden Teile ist das Orgelbauhandwerk mit keinem anderen Fertigungsbereich unserer Zeit zu vergleichen.

Orgeln sind Blasinstrumente, deren Töne von einer Vielzahl von Pfeifen hervorgebracht werden. Orgelpfeifen können aus Zinn und Blei, aber auch aus Hölzern gefertigt werden. In Mangelzeiten verwendete man auch Zink und Kupfer für Metallpfeifen.

Ahrend-Hausorgel, Prospektpfeifen Principal 4-Fuß, davor: kurzbechrige Zungenpfeifen des Rankett 8-Fuß

Um eine Orgel mit einem Register zu bauen, braucht man für jede Taste, bzw. für jeden Ton eine Pfeife. Bei einer heute üblichen Manualklaviatur vom großen „C" bis zum dreigestrichenen „g" gibt es 56 Tasten, für die je eine Pfeife gebaut werden muss. Für jedes weitere Manualregister kommen 56 Pfeifen hinzu, für jedes Pedalregister in der Regel 30 Pfeifen.

Je tiefer die Töne klingen sollen, desto länger müssen die Pfeifenkörper sein, je höher, desto kürzer. Die tiefste Pfeife eines offenen 8-Fuß-Registers hat eine klingende Körperlänge von rund 240 cm, die höchste dagegen nur noch von 20 cm. Die klingenden Körper der größten Orgelpfeifen in offener 32-Fuß-Lage sind sogar rund 10 Meter lang, die der kleinsten 1-Fuß-Pfeifen dagegen nur noch rund einen Zentimeter. Manche Orgelregister umfassen besonders viele Pfeifen. Gemischte Stimmen wie die „Sesquialtera", das labiale „Cornet", ein „Scharf" oder die „Mixtur" haben zwei, drei oder bis zu sechs Pfeifen pro Taste. Dann umfasst ein einzelnes Mixtur-Register alleine rund 300 Pfeifen.

Die Bauformen der Orgelregister sind sehr verschieden. Grundsätzlich unterscheidet man die Labial- oder Lippenpfeifen (Tonerzeugungsprinzip der Blockflöte) von den Lingual- oder Zungenpfeifen (Tonerzeugungsprinzip der Klarinette oder des Saxophons).

Die Luft, mit der die Pfeifen zum Klingen angeregt werden, nennt man im Orgelbau „Wind". Dieser wird in der „Balganlage" oder dem „Windwerk" von Bälgen und heute in der Regel auch durch ein elektrisches Gebläse geschöpft, gespeichert und

Orgelmodell: Schöpfbalg und Magazinbalg

über Kanäle in die Windkästen der Windladen geleitet. Bei historischen Orgeln erfordert das „Windwerk" viel Platz für mehrere Schöpfbälge, die in einem Balghaus außerhalb der Orgel aufgestellt sind.

Große Orgeln gliedern sich in mehrere „Teilwerke". Sie werden von verschiedenen Klaviaturen, nämlich den „Manualen" für die Hände und von der Pedalklaviatur für die Füße bedient. Die zu den Teilwerken zugehörigen Pfeifen stehen in einzelnen

Hinterständiges Pedalwerk der Ahrend-Hausorgel mit drei Pfeifenreihen aus Holz

Orgelmodell: Tasten, Registerzüge, Wellenbrett, Abstrakten, Windkasten, Ventile

Sektionen der Orgel, die je nach Position zum Beispiel „Hauptwerk", „Rückpositiv", „Brustwerk", „Oberwerk" oder „Hinterwerk" genannt werden. Dazu kommt das „Pedalwerk", das häufig in Pedaltürmen zu beiden Seiten der Orgel platziert ist oder „hinterständig", was bedeutet, dass es hinter der Hauptorgel verborgen ist.

Bei der am weitesten verbreiteten Bauform, der „vollmechanischen Schleifladen-Orgel", führt von den Manualen und Pedalen die Mechanik, auch „Traktur" genannt, über Winkel, Wellen, Wippen und Abstrakten zu den Ventilen im Windkasten, der unter der Windlade angebracht ist. Zu jeder Taste gehört ein Ventil in einem Windkasten. Über dem Ventil liegt die Tonkanzelle. Auf einer Tonkanzelle stehen hintereinander aus jedem Register die zu dieser Taste zugehörigen Pfeifen.

Damit es möglich ist, einzelne Pfeifen zu spielen, verläuft über den Tonkanzellen im rechten Winkel unter jedem Register eine Schleife, die mit einem Registerzug am Spieltisch verbunden ist. Die Schleife ist ein dünnes, langes, schmales Brett, das für jede Pfeife des Registers eine Bohrung hat. Wird das Register mit dem Registerzug am Spieltisch „gezogen", sind die Löcher in der Schleife deckungsgleich mit den Löchern der darunter liegenden Tonkanzelle und dem über der Schleife befindlichen Pfeifenstock. Die Pfeife erklingt, wenn das Ventil mittels der Taste geöffnet wird.

Orgelmodell: Registerschleife halb gezogen

Die Tonkanzellen bilden mit den im rechten Winkel dazu angeordneten Schleifen ein Koordinatensystem, das es erlaubt, den einzelnen Ton eines jeden Registers zu spielen. Dieses Koordinatensystem wird am Spieltisch mittels der Tasten und Registerzüge gesteuert. Dieses Prinzip, das bereits um das Jahr 1500 entwickelt war, ist bis heute die Grundlage im Orgelbau.

Manche Orgelbauwerkstätten stellen auch heute noch sämtliche Bestandteile einer Pfeifenorgel aus den Rohmaterialien selbst her: Stämme ausgesuchten Holzes, Barren von Zinn und Blei, Messing und Eisen sowie verschiedene Sorten von Leder sind das Ausgangsmaterial für die filigranen Einzelteile. Lediglich der elektrische Winderzeuger kommt in der Regel von einer Spezialfirma.

Orgelbauer konstruieren das Windwerk mit den Bälgen und Windkanälen bis hin zu den Windkästen. Der Windzustrom eines elektrischen Gebläses zum Balg wird durch die Drosselklappe, bzw. das Rollventil gesteuert. Die Windkästen sind bereits Teil der Windladen, an denen sich Pulpeten, Ventile, Schiede und Spunde, Schleifen und Stöcke befinden. Schließlich stehen auf den Windladen die Rasterbretter, welche den Pfeifen sicheren Halt geben. Die Spieltraktur führt von den Tasten über Winkelbalken, Wippen, Koppeln, Abstrakten und Wellenbretter bis hin zu den Ventilabzügen in den Windladen. Die Registertraktur führt von den Registerzügen, auch Manubrien genannt, über Ärmchen, Wellenbäume, Schwerter und Zugstangen bis hin zu den Schleifen in den Windladen.

Schließlich fertigen Pfeifenmacher hunderte bis tausende verschiedenartigster Pfeifen, eingeteilt in Labiale und Linguale und die gewünschten „Fußtonlagen". Die Labialpfeifen teilen sich in die Prinzipale, Flöten und Streicher. Labialpfeifen können „offen" oder „gedackt" gebaut werden. Gedackte Pfeifen sind an ihrer Mündung durch eine Kappe, einen Stöpsel oder durch einen aufgelöteten Deckel verschlossen und klingen gegenüber offenen Pfeifen gleicher Länge um eine Oktave tiefer. Die Zungenstimmen können „langbechrig" oder „kurzbechrig" sein, „aufschlagend" oder „durchschlagend", wodurch sie sich im Klang ebenfalls sehr unterscheiden.

Orgeln und Orgelmodelle

Kabinett-Orgel
Ibe Peters Iben,
Emden 1790

Die Kabinettorgel von Ibe Peters Iben, erbaut im Jahre 1790 in Emden, ist das Wahrzeichen des ORGANEUMs. Das Orgelgehäuse zeigt die Formensprache des Rokoko und zeugt mit seinen geschwungenen Konturen von einer großen Meisterschaft im Tischlerhandwerk. Mit Flügeltüren und Klaviaturabdeckung lässt es sich vollständig verschließen, sodass die Ansicht eines schmuckvollen Möbelstücks gegeben ist. Im 17. und 18. Jahrhundert hatte man

Kabinettorgel geöffnet

Geschlossen ist die Iben Orgel ein schmuckvolles Möbelstück

Eine Spezialität des ausgehenden 18. Jahrhunderts ist die Traversflöte, hier „Fluit traver" genannt, die aus offenen Holzpfeifen mit Stimmdeckelchen besteht und den Klang der Traversflöte (heute Querflöte genannt) nachahmt. Wegen der offenen Bauweise und der damit verbundenen Länge ist sie nur im Diskant disponiert. Die Windlade der Iben-Orgel ist mit so genannten „geteilten Schleifen" ausgestattet, durch die es möglich ist, in Bass und Diskant mit unterschiedlichen Registrierungen zu spielen.

Interessant ist der Umstand, dass diese Orgel aus der Werkstatt eines in Emden ansässigen Orgelbauers in das niederländische Dorf Blijham gelangte, wo sie in der Boerderij der Familie Waalkens als besonderes Prunkstück ihre Heimstatt fand. In der Provinz Groningen war nämlich nach Arp Schnitger (1648-1719) und dessen Sohn Frans Caspar Schnitger (1693-1729) für rund 50 Jahre lang der aus Hamburg stammende Orgelbauer Albertus Anthoni Hinsz (1704-1785) die dominierende Orgelbauerpersönlichkeit. Als Hinsz 1785 starb, dauerte es allerdings etwa fünf Jahre, bis sich seine Nachfolger Franz Caspar Schnitger d. J. (1724-1799) und Heinrich Hermann Freytag (1759-1811) als Nachfolger voll etablieren konnten. In dieser Zeit gelang es ostfriesischen Orgelbauern wie Johann Friedrich Wenthin (1746-1805), Ibe Peters Iben (1738-1808) und Dirk Lohmann

eine Vorliebe für solcherlei Möbelstücke und stattete sie manchmal mit Orgelwerken aus.

Die Iben-Orgel repräsentiert klanglich den Übergang vom Barock zum empfindsamen Stil: Das Pfeifenwerk besteht zu zwei Dritteln aus Holzpfeifen, die sich durch einen warmen und leuchtenden Klang auszeichnen. Die Prospektpfeifen des Registers Prinzipal 4' aus Holz sind in der Front rund ausgearbeitet und laufen auf der Rückseite trapezförmig zusammen.

Kabinett-Orgel bekrönt mit allegorischen Figuren

tiative von Prof. Harald Vogel von der Ostfriesischen Landschaft für die Arbeit der Norddeutschen Orgelakademie erworben. Nachdem sie zunächst im Steinhaus Uttum den dort wohnenden Studenten zur Verfügung gestanden hatte, fand sie mit Gründung des ORGANEUMs in Weener ihre Heimstatt in der Norderstraße 18.

(1730-1814) einzelne Orgelwerke in die Provinz Groningen zu liefern. So gelangte in dieser Periode auch die Iben-Orgel auf den Hof der Familie Waalkens. Ibe Peters Iben, der sich offenbar ausschließlich mit dem Bau von Hausorgeln beschäftigte, hatte seine Werkstatt in Emden in der Großen Brückstraße.

Die Kabinett-Orgel von Ibe Peters Iben blieb durchgehend in niederländischem Privatbesitz, bis sie 1988 zum Verkauf angeboten wurde. Damals wurde sie auf Ini-

Die kunstvoll geschnitzten Figuren, mit denen die Orgel bekrönt ist, sind nach Vorlagen aus dem „Kunstbüchlein" von Jost Amann, Nürnberg 1599 gestaltet, das noch bis ins 18. Jahrhundert verbreitet war. Die Figuren werden als allegorische Darstellungen der Wahrheit (links) und der Minerva, der Göttin des Handwerks und der Künste (rechts) gedeutet. Dazwischen ist das Gehäuse mit einer verführerisch leuchtenden Obstschale bekrönt.

Im Laufe der Jahrhunderte hatte sich das Erscheinungsbild der Orgel technisch und

Registertafel der Kabinett-Orgel

Schild an der Ibe Peters Iben Kabinett-Orgel

Registertafel Diskant

äußerlich sehr verschlechtert. Die Ostfriesland-Stiftung der Ostfriesischen Landschaft stellte Mittel bereit, aus denen die technische Wiederherstellung des Orgelwerkes bezahlt werden konnte. In den Jahren 2007-2008 restaurierte Orgelbaumeister Reinalt Klein die Orgel von Grund auf, angefangen bei der Windlade über die originale Klaviatur und das ungewöhnliche Regierwerk bis hin zu den Bälgen, Kanälen, dem Tremulanten und dem Gehäuse. Beschädigungen am Pfeifenwerk wurden sorgfältig repariert. Anstelle einzelner Metallpfeifen, die nicht zum Originalbestand gehörten, wurden nach Vorbild passende Pfeifen rekonstruiert. Der Diskant des „Gedact 4 Voet" erhielt wieder Holzpfeifen, wie dies an dem originalen Pfeifenstock ablesbar war. Abschließende Restaurierungsarbeiten an den Pfeifenmündungen, die zum Beispiel an den Holzpfeifen Spuren nachträglicher Einkürzungen aufweisen, mussten aus Kostengründen allerdings ausgespart und einer zukünftigen Arbeit vorbehalten bleiben.

Durch eine großzügige private Zuwendung von Dr. Thomas Eckhardt wurde die Wiederherstellung der äußeren Pracht und Herrlichkeit des anmutigen Rokokoinstrumentes ermöglicht. Die Restaurierung der Farbfassung wurde durch den berühmten niederländischen Restaurator Helmer Hut aus Beerta ausgeführt. Bei der Farbuntersuchung stellte sich heraus, dass die Orgel ursprünglich eine Holzimitationsfarbfassung hatte. Zudem kam um die Klaviatur herum ein Stück massives Mahagoni zum Vorschein. Nach dessen Vorbild wurden die übrigen Gehäuseteile mit einer unvergleichlich kunstvollen Mahagoni-Imitation gefasst. Die hölzernen Prospektpfeifen, die zuletzt mit Silberbronze gestrichen waren, wurden wieder gereinigt und neu foliert. Da sich an den Pfeifenkörpern Spuren von Gold gefunden hatten, wurden die Pfeifen mit Weißgold und Rotgold belegt. Auch die geschnitzten Figuren wurden liebevoll in verschiedenen Farbtönen vergoldet.

Disposition der Iben-Kabinettorgel
o Ibe Peters Iben 1790
r Reinalt Klein 2007

Manual / C-d^3

	Bass C-h°		
o	Gedact	8'	Holz
o	Principal	4'	Holz
o	Gedact	4'	Holz
o/r	Octaav	2'	Metall

	Diskant c^1 – d^3		
o	Gedact	8'	Holz
o	Fluit Traver	8'	Holz
o/r	Principal	4'	Metall
o/r	Gedact	4'	Holz
o/r	Octaav	2'	Metall

- o Schöpfbalg und Keilbalg als Magazin im Untergehäuse, originaler Trethebel
- o Tremulant

Tonhöhe: etwa einen Halbton über dem heutigen Kammerton
Temperierung: wohltemperiert nach Bach-Kellner
Winddruck: 60mm/Ws
Zusätzlich / alternativ: elektrisches Gebläse

Bureaux-Orgel
Frans Caspar Schnitger & Heinrich Hermann Freytag, Groningen 1796 (?)

Im Jahr 2009 konnte das ORGANEUM eine bedeutende historische Hausorgel im Gehäuse eines Sekretärs in der Bauart eines Zylinderbureaus erwerben. Bei dieser Orgel handelt es sich mit großer Wahrscheinlichkeit um das Instrument, das 1796 über eine Annonce im Groninger Courant beworben wurde. Dort wurde eine neu gemachte „Bureaux-Orgel" von F.C. Schnitger (jr) mit 4 1/2 Stimmen angeboten.

Frans Caspar Schnitger der Jüngere ist ein Enkelsohn Arp Schnitgers. Er wurde 1724 in Alkmaar getauft und starb im Jahre 1799 in Groningen. Sein Vater, Frans Caspar der Ältere, wurde 1693 in Hamburg geboren. Er wirkte von 1719 bis zu seinem frühen Tod im Jahr 1729 sehr erfolgreich in den Niederlanden. Der Hamburger Orgelbauer Albertus Anthoni Hinsz (1704-1785) übernahm

Bureaux-Orgel, Klaviatur

Gesamte Ansicht der Bureaux-Orgel

seine Werkstatt und heiratete 1732 die Witwe Frans Caspars. Auf diese Weise wurde Hinsz der Stiefvater Frans Caspars des Jüngeren, der in die Werkstatt seines Stiefvaters eintrat. In späterer Zeit kam der in Hamburg geborene Orgelbauer Heinrich Hermann Freytag (1759-1811) hinzu. Als Hinsz im Jahre 1785 starb, führten Frans Caspar Schnitger d. J. und Heinrich Hermann Freytag die Werkstatt erfolgreich in eine weitere glorreiche Blütezeit.

Das innere Orgelwerk der Schnitger & Freytag-Bureaux-Orgel ist bis auf eine einzelne Pfeife, die rekonstruiert werden musste, vollständig original erhalten. So-
mit ist der elegante und silberhelle Klang der wertvollen Denkmalorgel wunderbar bewahrt geblieben. Das äußere Möbelstück ist nur teilweise original, weil bei einem Umbau die Klaviatur zwischenzeitlich tiefer platziert worden war, was zu Verlusten am Gehäuse führte. Später ist durch eine sorgfältige Restaurierung die ursprüngliche Höhe der Manualklaviatur wieder eingerichtet worden. Die Klaviatur, das Notenfüllbrett, die Registertafeln, der Deckel und die Front mit den Scheinladen sind rekonstruiert, bzw. stammen von anderen historischen Möbelstücken. Die Seitenteile des Gehäuses sind dagegen original. Die kannelierten Ecksäulen sind charakteristisch für Hausorgeln von Freytag. Man kann vermuten, dass es ursprünglich noch einen Aufsatz auf dem Gehäuse gegeben hat, wie es andere Zylinderbureau-Möbel des ausgehenden

Offene Ansicht

18. Jahrhunderts zeigen. Eine sichtbare gezinkte Verbindung auf der Oberseite legt die Vermutung nahe, dass sie ursprünglich durch einen Aufsatz verdeckt war.

Die originalen Register und ihre Intonation sind ausgesprochen gut erhalten. Das Klangbild ist fein und brillant. Es ist die einzige Schnitger & Freytag-Orgel, die ein originales 1 1/3-Fuß Register besitzt, das dieser Hausorgel eine leuchtende Klangkrone aufsetzt. Von betörender Schönheit ist auch die Traversflöte aus Eichenholz.

Dispositon der Bureaux-Orgel

o 1796 (?) Frans Caspar Schnitger und Heinrich Hermann Freytag

Manual / C-f³
- o Holpyp   8'
  Holz
- o Fluit Travers   8'
  Holz
- o Fluit   4'
  Holz /Metall
- o Octaaf   2'
  Metall
- o Quint   1 1/2'
  Metall
- r   Tremulant
- o   Schöpfbalg und Keilbalg als Magazin im Untergehäuse

Tonhöhe: etwa auf dem heutigen Kammerton
Temperierung: wohltemperiert nach Bach-Kellner
Winddruck: 45mm/Ws
Zusätzlich / alternativ: elektrisches Gebläse

Geschlossene Ansicht

Bureaux-Orgel, Pfeifenwerk

Hausorgel im barocken Stil
Jürgen Ahrend, Leer-Loga 1990

Zu Beginn des Jahres 2014 konnte das ORGANEUM mit maßgeblicher Unterstützung der Ev.-ref. Kirche eine Hausorgel erwerben, die 1990 von der Orgelbauwerkstatt Jürgen Ahrend für ein Privathaus in der Stadt Celle gebaut worden war. Dieses Instrument hat 11 Register auf zwei Manualen und freiem Pedal, sodass es für die Darstellung einer Vielzahl von Orgelwerken geeignet ist. Hier können die Zuhörer das Zusammenspiel von Händen und Füßen beobachten und miterleben, wie die Orgelmusik auf mehreren Manualwerken und Pedal mit wechselnden Registrierungen zum Klingen gebracht wird.

Die Ahrend-Orgel wurde auch ursprünglich für ein Wohnhaus intoniert und erfreut mit süßen und farbenreichen Klängen. Das Instrument ist sehr fein gearbeitet und hat ein edles Gehäuse aus Eichenholz, verziert mit barockem Schnitzwerk.
Im Frühjahr 2014 wurde die Hausorgel durch drei Mitarbeiter der Orgelbauwerkstatt Ahrend im oberen Saal des ORGANEUMs aufgebaut. Die Orgel passt sich hier ein, als ob sie schon für diesen Raum konzipiert worden wäre. Das hinterständige Pedalwerk ist nach rechts versetzt, wobei ein Podest die Mechanik und die Windanlage schützt. Hier im ORGANEUM schließt es rechtsbündig an die Rückwand des Saales an. Die Tür zum Nachbarraum öffnet nach außen, sodass das Podest keine störenden Auswirkungen hat. In ihrer Größe und Proportion fügt sich die Ahrend-Hausorgel ideal in den Saal ein. Der Profilkranz der Orgel korrespondiert mit den Profilen über den Zimmertüren. Der Eichenholzton des Gehäuses geht weich in die Farbgebung der vorhandenen Vorhänge vor den Fenstern über. Beim Betreten des Saales ist der ganze Prospekt sichtbar, ohne dass ein Fenster verdeckt wäre und die Orgel im Gegenlicht stünde. Die Prospektfront befindet sich etwa mittig im Raum. Die Orgel wird von dem Kronleuchter sanft illuminiert und das in den Kristallen gebrochene Licht spiegelt sich in den Prospektpfeifen in allen Regenbogenfarben.

Das obere Manual der Orgel lässt das *Vorder- oder Hauptwerk* erklingen. Hier stehen die Stimmen Quintadena 8-Fuß, Principal 4-Fuß, Oktave 2-Fuß und Rankett 8-Fuß. Das kurzbechrige Zungenregister Rankett steht im Prospekt noch vor dem Principal. Das untere Manual für das *Hinterwerk* ist mit den drei Flötenregistern Holzgedackt 8-Fuß, Holzgedackt 4-Fuß und Blockflöte 2-Fuß besetzt und es hat als Klangkrone eine Sesquialtera 2fach. Mittels der Manualkoppel kann das obere Manual an das untere Manual angekoppelt werden.
Durch diese Konstruktion ergeben sich zusätzliche Registriermöglichkeiten. Der Subbass 16' des *Pedalwerks* ist in der Front eng labiert und erreicht seine Mensur über die Tiefe der Pfeifen. Dadurch kommt das Register in der Breite mit demselben Platz aus, den das Register Gedackt 8' einnimmt. Dieses Register hat einen beinahe quadratischen Querschnitt. Davor steht als offenes Register die Octave 4' des Pedals. Diese drei Register sind aus Eichenholz gefertigt. Das Pedal kann an das erste und / oder das zweite Manual angekoppelt werden. Dadurch ist es auch möglich, das Zungenregister Rankett in das Pedal zu koppeln.

Ahrend Hausorgel

Durch den Erwerb dieser Orgel werden Orgelbaumeister Jürgen Ahrend und die unter der Leitung seines Sohnes Hendrik Ahrend erfolgreich fortwirkende Werkstatt *Jürgen Ahrend Orgelbau* besonders gewürdigt. Die von Jürgen Ahrend und Gerhard Brunzema 1954 gegründete Werkstatt hat für den Erhalt und die Blüte der Orgellandschaft Ostfrieslands einen unschätzbaren

Beitrag geleistet. Ohne die Orgelbauwerkstatt Ahrend, die national und international bis heute wichtige Restaurierungen und Neubauten verwirklicht, wäre die norddeutsche Orgelkultur kaum zu ihrer heutigen Bedeutung als weltweit geschätztes Kulturerbe und als begehrter Kulturexportartikel aufgestiegen. Mögen die Klänge dieser Hausorgel die Herzen vieler Zuhörer zu Dankbarkeit und Bewunderung für die kostbare Begabung ihres Schöpfers Jürgen Ahrend anregen!

Hinterständiges Pedalwerk   *Detailaufnahmen der Ahrend Hausorgel*

Disposition der Ahrend-Hausorgel
1990 Jürgen Ahrend Orgelbau / Leer-Loga

Manual I / Hinterwerk / C, D-d³
Holzgedackt	8'
Holzgedackt	4'
Blockflöte	2'
Sesquialtera	II

Manual II / Vorderwerk / C, D-d³
Quintadena	8'
Prinzipal	4'
Oktave	2'
Rankett	8'

Pedalwerk / C – d¹
Subbaß	16'
Gedacktbaß	8'
Oktavbaß	4'

Pedalkoppel Vorderwerk
Pedalkoppel Hinterwerk
Manualkoppel, Tremulant
Tonhöhe: auf dem heutigen Kammerton
Temperatur: Werckmeister II modifiziert
Winddruck: 53mm/Ws

Baldachin - Orgel
Jürgen Ahrend, Leer-Loga 1994
nach Michael Strobl (1559)

Im Frühjahr 2015 erfuhr die Instrumentensammlung des ORGANEUMs eine große Bereicherung. Die Evangelische Kirche in Hessen und Nassau (EKHN) stellt dem ORGANEUM eine besondere Dauerleihgabe zur Verfügung: Die Kopie der Baldachinorgel der Churburg von 1559, erbaut von der Orgelbauwerkstatt Jürgen Ahrend 1994. Die Geschichte dieses Instruments: Der Nachbau dieser Orgel wurde von dem

damaligen Landeskirchenmusikdirektor und Leiter der Frankfurter Kirchenmusikschule, Dr. Dietrich Schuberth und von dem Orgelsachverständigen und stellvertretenden Leiter derselben Hochschule, Prof. Reinhardt Menger, initiiert. Im Dezember 1986 fragte Dr. Schuberth schriftlich bei Orgelbaumeister Jürgen Ahrend nach dem Bau einer Renaissance-Orgel für die Kirchenmusikausbildung an. Die Fachleute widmeten sich diesem Projekt mit viel Enthusiasmus und einigten sich bald auf ein geeignetes Vorbild und den erforderlichen Kostenrahmen. Bereits 1987 wurde der Auftrag für den Nachbau der „Churburg-Orgel" oder auch „Baldachin-Orgel" von 1559 erteilt.

Baldachin-Orgel

Für die Orgelbauwerkstatt Ahrend war dies eine Phase mit großen Projekten, wie der Restaurierung der Arp Schnitger-Orgel mit 60 Registern in der Hamburger St. Jacobi-Kirche. So konnte die Baldachin-Orgel als Opus 142 der Orgelbauwerkstatt Ahrend erst 1994 an die Evangelische Landeskirche in Hessen und Nassau übergeben werden.

Dr. Schuberth schrieb voller Dank an Orgelbaumeister Ahrend: „Ich habe das Instrument vor ein paar Tagen mit allen unseren Orgelsachverständigen gesehen und gehört, und wir sind alle sehr zufrieden und voller Hochachtung. ... Meister, Sie haben Ihre Sache wieder einmal sehr gut gemacht."

Das ORGANEUM freut sich und ist der EKHN sehr dankbar, dass sie den hochwertigen Nachbau dieser faszinierenden Renaissance-Orgel als Dauerleihgabe dem ORGANEUM zur Verfügung stellt.

Das Vorbild der Baldachin-Orgel wurde 1559 von dem Orgelmacher Michael Strobl aus Ammergau für den Ritter Jakob Trapp gebaut. Das Pfeifenwerk ist in eine kleine Schatztruhe eingebaut. Die längsten Pfeifen sind 2 Fuß lang (Copl 4' und Oktave 2'). Zusammen mit der Windlade misst das Orgelwerk 95 cm in der Höhe und 91 cm in der Breite. Die originale Baldachin-Orgel blieb einschließlich ihrer siebenfaltigen Bälge bis auf ein Register original erhalten. Sie hat die Churburg niemals verlasssen und wurde 1969 von Jürgen Ahrend und engen Mitarbeitern dort auf der Churburg sorgfältig restauriert. Dabei musste lediglich das Zungenregister (Regal 8') rekonstruiert werden. Die originale Baldachin-Orgel gehört bis heute zum Adelssitz der Familie Trapp, die im Besitz der um 1250 in Schluderns (Südtirol) erbauten Churburg ist.

Das Pfeifenwerk ist aus einer hochprozentigen Zinnlegierung gefertigt. Es ist nicht zu sehen, weil die Orgel durch einen gewölbten Baldachin überdacht ist. Die Rundbögen der Renaissance-Truhe sind mit Zierelementen aus Messing geschmückt, die mit einem roten Stoff hinterlegt sind. Die Register sind in Bass und Diskant geteilt. Auf beiden Seiten finden sich verzierte Griffe, an denen die Schleifen der sechs Register direkt betätigt werden können. Zusätzlich findet sich an der linken Seite noch die Einschaltung für den Kanaltremulanten.

Die Orgel steht auf einem eichenen Tisch, der in seiner Konstruktion dem originalen Vorbild nachgebildet ist. Er trägt die schmucke Renaissance-Truhe und die zwei Schöpfbälge. Die Schöpfbälge öffnen sich keilförmig und können weit aufgezogen werden, da sie sieben Falten haben. Sie sind mit Balggewichten beschwert, die den beachtlich hohen Winddruck von 82 mm/Ws liefern. Die Orgel hat einen intensiven, starken, hellen Klang. Das Orgelwerk ist in rein mitteltöniger Stimmung temperiert.

Die Orgel hat den Tonumfang der Renaissance mit 41 Tasten: In der Bass-Oktave sind die Töne Cis, Es, Fis und Gis ausgelassen (kurze Oktave). Im Diskant endet die Klaviatur bei a^2, wobei der Ton gis^2 ausgelassen ist. Der Stimmton ist einen Halbton höher als die moderne Klavierstimmung. Die Gesamtzahl der Pfeifen beträgt 287.

Disposition der Baldachin-Orgel
1994 Jürgen Ahrend Orgelbau / Leer-Loga

Manual C D E F G A – g^2 a^2
Registerteilung c'/cis'

Regal 8'
Copl 4'
Copl 2'
Oktave 2'
Quindecima 1'
Zimbel II
Kanaltremulant
2 Schöpfbälge mit je sieben Falten
Tonhöhe: einen Halbton über dem heutigen Kammerton
Temperatur: rein mitteltönig
Winddruck: 82mm/Ws

Die Orgel für das Klassenzimmer Orgelmakerij van der Putten,
Finsterwolde 2010

Die Orgel für das Klassenzimmer wurde im Jahre 2010 von der niederländischen Orgelmakerij van der Putten aus Finster-

Rückseite mit Spielanlage

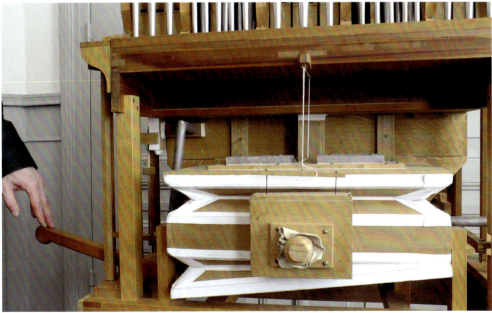

Schöpfbalg und Magazinbalg

wolde entwickelt. An ihr kann die Funktion der Orgel wunderbar demonstriert werden. Die Orgel für das Klassenzimmer weist technisch und klanglich viele Übereinstimmungen mit historischen Orgeln auf. Sie ist ein richtiges Musikinstrument mit einem faszinierenden Klang und zugleich ein transportables Demonstrationsobjekt, das ideal für den Einsatz in Klassenzimmern oder Vortragssälen geeignet ist. Sie verfügt über eine Auswahl von 19 Tönen. Die Klaviatur reicht von h^0 bis a^2. Auf der tiefsten Taste h^0 erklingt jedoch der um eine große Terz tiefere Ton g^0, der als Grundton der Dominante oder als Schlusston ein wirkungsvolles klangliches Fundament bietet. Man sieht im Prospekt an der mittleren Pfeife, dass der Ton g^0 alle anderen Pfeifen deutlich an Länge überragt.

Zum Klaviaturumfang von h^0- a^2 gehören folgende klingende Töne: g^0, c^1, d^1, es^1, e^1, f^1, fis^1, g^1, a^1, b^1, h^1, c^2, cis^2, d^2, f^2, g^2 und a^2.

Prospektpfeifen und Zimbelstern

Nachtigall

Pfeifenwerk

Manual Klaviatur

Geöffnete Ventile

Die Tasten cis^1, gis^1, es^2 und gis^2 sind mit einem Messingnagel gekennzeichnet. Zu diesen Tasten gibt es aus Gründen der Platzersparnis keine Pfeifen.

Die Orgel hat fünf Register. Das Gedekt 8' stellt sogar drei verschiedene Bauformen vor, die sich hier klanglich zu einem Register ergänzen: neun Pfeifen sind als Holzgedackt gebaut, sechs Pfeifen als Rohrflöte aus Metall und vier Pfeifen als Metallgedackt.

Disposition der Orgel für das Klassenzimmer
2010 Orgelmakerij van der Putten / Finsterwolde

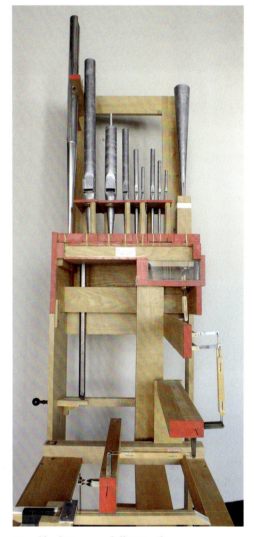
Orgelfunktionsmodell, Detail

Manual $g°$, c^1, d^1 - g^1, a^1 - d^2, f^2, g^2, a^2

Gedekt	8'	Holz / Metall
Prestant	4'	im Prospekt
Quint	3'	Metall, zylindrisch
Spitsfluit	2'	Metall, spitzkonisch
Regaal	8'	Köpfe und Block aus Zeder, Becher aus gehämmertem Blei

Nebenzüge:	Cymbelstern
	Tremulant
	Vacant / Nachtegaal

Tonhöhe: auf dem heutigen Kammerton
Temperatur: rein mitteltönig
Winddruck 40mm/Ws
Der Windkasten ist durch einen transparenten Spunddeckel einsehbar.

Kofferorgel
Gregor Bergmann 2016

Der Förderkreis Organeum in Weener e.V. übergab dem ORGANEUM am 9. Juni 2016 für die pädagogische Arbeit eine „Kofferorgel". Sie ist für das Programm „Orgel im Klassenzimmer" konzipiert. Entwickelt und gebaut wurde sie von dem Leeraner Orgelbaumeister Gregor Bergmann, der auch die vortreffliche Replik eines Clavichords nach Chr. G. Hubert (1789) in seiner Werkstatt entstehen ließ.

In einem Instrumentenkoffer aus Holz befinden sich elementare Bausteine einer Pfeifenorgel, die im Detail betrachtet und ausprobiert werden können. Zusammengefügt ergeben sie eine funktionsfähige Kleinorgel, auf der eine Principalpfeife, eine Zungenpfeife und eine Reihe aus sechs Gedacktpfeifen einzeln und im improvisatorischen Zusammenspiel erklingen können.

Dazu kann über eine kleine Zugschleife eine zwitschernde Nachtigall hinzugezogen werden oder alternativ der von den Mehrfaltenbälgen gelieferte Winddruck mittels einer aufsetzbaren Windwaage gemessen werden. Die Windlade kann geöffnet werden, sodass die Pfeifenverführungen, die kleine Zugschleife, die Pergamentscharniere der Tasten, die Stechermechanik zu den Ventilen und die Ventile und Rückschlagklappen für die Balganschlüsse sichtbar werden.

Darüber hinaus enthält der Koffer ein zusammensteckbares Fußmaß, mit dem Pfeifenlängen von ein bis acht Fuß veranschaulicht werden können. Eine beson-

Die Hauptbestandteile des Koffers sind:
- Zwei Mehrfaltenbälge mit fünf nach innen gehenden Falten und fest montierten Gewichten
- Eine Windlade mit acht Tasten und einem Nebenregisterzug (für Windwaage oder Nachtigall)
- Sechs gedeckte Holzpfeifen (c1, d1, e1, f1, g1, a1)
- Eine Zungenpfeife mit durchsichtigem Stiefel und einem Becher aus Holz (f1)
- Eine Principalpfeife aus Zinn mit eigenem Raster zum Aufstellen (c2)
- Eine Nachtigall mit Steckschuh aus Nussbaum und durchsichtigem Gefäß aus Plexiglas
- Eine Windwaage mit eigenem Stock aus Nussbaum zur Montage auf der Windlade

dere Attraktion ist eine gedackte Pfeife, die im Querschnitt aufgetrennt ist und den Blick auf die Tonerzeugung einer Labialpfeife lenkt: Pfeifenfuß, Kern, Kernspalte, Unter- und Oberlabium sind im Querschnitt sichtbar. Zusammengefügt bringt das sorgfältig gearbeitet Anschauungsstück wieder einen weich klingenden Flötenton hervor.

Der Zuschnitt und die Fertigung eines Pfeifenfußes aus Zinn ist anhand von fünf Werkstücken nachvollziehbar, welche die verschiedenen Arbeitsschritte vom Anzeichnen bis zum Ausformen und Löten nachvollziehbar machen. Einige Pfeifenabschnitte aus Zinn zum Anfassen und Biegen, ein Gläschen mit Leimperlen für Warmleim und ein Zungenstimmeisen liegen dem Koffer als weitere Utensilien aus der Orgelbauwerkstatt bei.

Orgelfunktionsmodell
Harm Dieder Kirschner, Weener 2007

Principal	8'	(8-Fuß)
Quintadena	16'	(16-Fuß)
Rohrflöte	8'	(8-Fuß)
Oktave	4'	(4-Fuß)
Sesquialtera	II	(2-fach)
Mixtur	III	(3-fach)
Trompete	8'	(8-Fuß)

Das Orgelfunktionsmodell einer kleinen barocken Gemeindegesangsorgel zeigt eine Windlade im Längsschnitt von vorne nach hinten betrachtet. Auf der Windlade sind auf der zu der Taste c^1 zugehörigen Tonkanzelle Pfeifen verschiedener Bauart aufgestellt, welche die Disposition einer Dorforgel repräsentieren:

Die nächsthöhere Kanzelle cis^1 ist mitsamt den Bohrungen im Pfeifenstock vorhanden, aber nicht mit Pfeifen besetzt. Die daran anschließende Kanzelle ist in der Länge aufgeschnitten, sodass die Kanzellendecke, die Schleifen und die Pfeifenstöcke im Anschnitt sichtbar sind. Der Windweg ist an den Ausfräsungen an der rot eingefärbten Schnittkante der Windlade zu erkennen.

Hinter dem Schauglas des Windkastens sind zwei Ventile zu sehen, die mit den beiden Tasten verbunden sind. Die Drahtdurchführung der Ventilabzüge ist mit einer Lederpulpete gegen den Windstubenboden abgedichtet. Die Schleife des Registers Principal 8-Fuß lässt sich (stellvertretend als Beispiel für die Funktionsweise von Registerzügen) mit dem gleichnamigen Registerzug betätigen. Die übrigen Register können von Hand direkt an der Schleife ein- und ausgeschaltet werden.

Das Modell zeigt ferner die Windversorgung mit Tretpedal, Schöpfbalg und Mehrfaltenbalg als Magazin, Windkanal und Windlade, die Spieltraktur mit Taste, Winkel, Wellenbrett, Abstrakten, Ventilabzügen und Spielventilen sowie das Regierwerk, vorgestellt an einem exemplarischen Registerzug (Manubrium) mit Wellenbaum, Wellenärmchen und der dazugehörigen Schleife. Das Orgelmodell ergänzt die Orgel im Klassenzimmer um einen wichtigen Aspekt: eine Tonkanzelle ist hier im Schnitt zu sehen, während bei der Orgel im Klassenzimmer die Tonkanzellen im Inneren der Windlade verborgen bleiben.

Orgel-Regal
Engelke Brink, Hinte 1983

Im Orgelbau bezeichnet der Begriff Regal eine kurzbechriges Zungenregister oder eine ganze Kleinorgel, die mit einer solchen Zungenstimme besetzt ist. Das Regal gehört zu den „Schnarrwerken", wie die hell und prägnant klingenden kurzbecherigen Zungen oder die Zungenregister allgemein ihrer Natur gemäß genannt werden. Dieses Regal ist eine Kleinorgel mit eigener Windversorgung und Klaviatur.

Das Regal ist dafür geeignet, um Choräle darauf zu spielen, wie es schon Martin Luther empfahl, um eine düstere Stimmung zu vertreiben. Als Begleitinstrument kann es aber auch „abgründige" Klangwelten vertreten. So dient es in der Monteverdi-Oper „Orfeo" als Begleitinstrument des „Charon", des Wächters der Unterwelt.

Da das Regal eine sehr deutliche Tongebung hat, kann man es auch für die Chorarbeit als transportables Instrument einsetzen. Pastor Engelke Brink, der dieses Regal erbaute, hat es häufig in Chorproben verwendet. Er fertigte die Zungenstimme des Regals unter Beratung von Jürgen Ahrend. Für die übrigen Teile diente ein Bausatzinstrument eines Zulieferers von Orgelteilen als Vorbild. Klanglich erreichte Engelke Brink ein wesentlich höheres Niveau als es die Bausatzinstrumente zeigten.

Orgel-Regal von Engelke Brink

Spendenorgel

Das Regal hat einen Klaviaturumfang von vier Oktaven (C-c^3) und besteht aus zwei Teilen, dem Untergehäuse mit elektrischem Gebläse und Balg und dem darauf aufgesetzten Regal. Die Zungen können durch zwei gesägte Füllungen klanglich abgeschattet werden. Zwei Abdeckungen für die Zungen und für die Klaviatur sorgen für zusätzlichen Schutz beim Transport. Ein Notenpult kann aufgesteckt werden. Zusätzlich gibt es einen Tisch, auf den das Instrument aufgesetzt werden kann. Das Regal ist in blauer Farbe gefasst und mit goldenen Verzierungen versehen.

Spenden-Orgel
Bartelt Immer, Norden 2011

Die „Spenden-Orgel" wurde von Orgelbaumeister Bartelt Immer ursprünglich als originelle „Türklingel" entwickelt. Auf Zug füllt sich ein Balg, der beim Loslassen den geschöpften Wind mit Federkraft in fünf Metallpfeifen gedackter Bauweise bläst. Auf Wunsch des ORGANEUMs entwickelte Bartelt Immer einen Spendenkasten mit Geldeinwurf, Lichtschranke und elektrischem Motorantrieb, der mittels einer Umdrehung eines Exzenters den Balg betätigt und als Dank für eingeworfenes Geld das charakteristische Tonsignal erklingen lässt. Die fünf Pfeifen spielen einen Durakkord mit großer None: gis°, his°, dis^1, ais^1, dis^2.

Die Cembalo-Sammlung

Das Cembalo und seine Funktion

Das Cembalo ist ein besaitetes Tasteninstrument. Die Tonerzeugung geschieht, indem feine Saiten aus Draht durch so genannte Kiele gezupft und in Schwingung versetzt werden. Daher gehören das Cembalo und seine Verwandten wie das Virginal und das Spinett ebenfalls zu den Zupfinstrumenten. Das Cembalo erlebte seine Blütezeit als Solo- und Begleitinstrument in der Zeitspanne vom ausgehenden 15. bis zum späten 18. Jahrhundert. Im 20. Jahrhundert begannen Instrumentenbauer damit, historische Instrumente nachzubauen und die vergessene Kunst des Cembalobaus wiederzuentdecken.

Das Gehäuse des Cembalos ähnelt der Schwinge eines Vogels. Dies rührt daher, dass die Saiten für die tiefen Töne (Bass) länger sind als die Saiten für die hohen Töne (Diskant). Wegen der Ähnlichkeit mit einem Vogelflügel und der Tonerzeugung mittels Federkielen wird das Instrument auch Kielflügel genannt. Die Kiele, die an den Springern befestigt sind, wurden früher aus Vogelfedern geschnitzt. Heute kommt häufig der Kunststoff Delrin zum Einsatz.

Die Cembalotasten arbeiten wie eine Wippe. Wenn sie vorne gedrückt werden, bewegen sie sich hinten nach oben. Über den hinteren Tastenenden sind die Springer der verschiedenen Register in Reihen hintereinander aufgestellt. Die Springer sind oben zu einer Gabel ausgeschnitten, in welche eine hölzerne Zunge mittels einer Achse beweglich eingepasst ist. Die Zunge trägt den Kiel, der bei der Aufwärtsbewegung des Springers die Saite anreißt. In der Abwärtsbewegung streift der Kiel die Saite erneut, kann aber wegen der Beweglichkeit der Zunge nach hinten ausweichen. Das leise Geräusch, das bei der leichten Berührung der Saite entsteht, wird von einem Fähnchen aus Filz abgedämpft, das oben am Springer befestigt ist und verhindert, dass die Saite nachklingt. Die Springer werden in einzelnen Rechen geführt, die auch verschiebbar sein können. Dadurch ist es möglich, einzelne Register ein- und auszuschalten. Zum Ausschalten wird die Springerreihe leicht verschoben, sodass die Kiele die Saiten nicht mehr berühren können. Die Springer sind unter der Springerfangleiste verborgen. Die Springerfangleiste begrenzt den Gang der Springer nach oben und verhindert, dass diese herausgeschleudert werden können.

Das Cembalo nach historischer Bauart hat keinen Metallrahmen und keine verstärkenden Rasten, wie dies vom modernen Klavierbau bekannt ist. Unter den Saiten verläuft der empfindliche Resonanzboden aus Holz. Das Geheimnis vollkommener Resonanz liegt in der Auswahl und Behandlung speziellen Holzes sowie in dem differenzierten Aushobeln des Resonanzbodens auf Stärken von etwa zwei bis vier Millimeter. Die Saitenspannung wird allein von der hölzernen Konstruktion getragen. Dies erfordert viel Erfahrung bei der Holzverarbeitung, damit sich die unsymmetrische Konstruktion nicht unter ändernden Witterungsbedingungen und unter dem Zug der Saiten verzieht. Die Saiten werden durch Drehung der Stimmnägel gestimmt, die sich hinter dem Vorsatzbrett im so genannten Stimmstock befinden.

Der Klang historischer Cembali ist tragfähig und von einem reichen, hellen Obertonspektrum bekrönt. Das Cembalo eignet sich gut zum Spiel in Wohnräumen und kleinen Sälen, da es einen gewissen Nachhall in sich trägt. Da der Ton des Cembalos im Gegensatz zum Pfeifenklang der Orgel nach und nach verklingt, kommt die Reichhaltigkeit des Cembaloklanges besonders gut zur Geltung, wenn Akkorde arpeggiert angeschlagen werden. Außerdem ist die Cembalomusik reich an Verzierungen und Trillern, weil dadurch die Saiten immer wieder zum Klingen angeregt werden.

Deutsches Cembalo der Bach-Zeit
Christian Zell, Hamburg 1741

Das älteste Mitglied der Sammlung ist das Cembalo von Christian Zell, das 1741 in Hamburg gebaut wurde. Dieses hervorragend erhaltene Instrument ist ein bedeutendes Zeugnis ostfriesischer Zeitgeschichte:

Es wurde in der Regierungszeit Carl Edzards für den ostfriesischen Hof in Aurich

Cembalo Christian Zell Klaviatur

Zell-Cembalo

befindet sich im Museo de la Música de Barcelona, ein Instrument aus dem Jahr 1728 mit zwei Manualen ist im Museum für Kunst und Gewerbe in Hamburg beheimatet und als drittes und jüngstes Cembalo ist das einmanualige Instrument im ORGANEUM in Weener erhalten, das 1741 in Hamburg erbaut wurde.

Das Cembalo trägt hinter dem Vorsatzbrett eine originale Signatur mit der Aufschrift *Christian Zell in Hamburg, 1741*.

erworben. Carl Edzard (1716-1744) war der letzte Nachkomme der aus einem Greetsieler Häuptlingsgeschlecht hervorgegangenen Adelsfamilie der Cirksena, die als Reichsgrafen und später als Reichsfürsten in Aurich fast 300 Jahre lang die ostfriesische Geschichte beeinflussten.

Christian Zell (1683 – 1763) erhielt im Jahr 1722 das Hamburger Bürgerrecht und

Original Signatur

führte in der Nachfolge Carl-Conrad Fleischers die Werkstatt der berühmten Cembalobauerfamilie Fleischer am Gänsemarkt fort. Aus der Werkstatt Christian Zells sind drei Cembali erhalten geblieben: Ein Cembalo aus dem Jahre 1737 mit einem Manual

Mit dem frühen Tod des Grafen Carl Edzard im Jahr 1744 erlosch die Adelslinie der Cirksena. Ostfriesland kam unter die Verwaltung des Preußenkönigs Friedrichs des Großen. Für die Hofmusikkapelle in Aurich gab es keine Verwendung mehr. Eine Annonce aus dem Jahre 1749, die sich mit großer Wahrscheinlichkeit auf dieses Instrument bezieht, beschreibt es folgendermaßen:
„Allhier in Aurich steht zum Verkauf ein sehr schönes, von dem berühmten Meister Conrad Zell in Hamburg (Vornamensverwechslung mit Zells Vorgänger Conrad Fleischer) verfertigtes wohl konditioniertes Clavicimbel von sehr starkem und angenehmen Ton mit elfenbeinernen Clavieren, kompletten Oktaven bis 3gestrichenen d inclusive und vollständigen dreien Chören nebst einem Lautenzug versehen. Es ist dasselbe, wie auch das dabei befindliche Fußgestell blau lackiert, auch an den Leisten, Hängen und Haken fein verguldet, inwendig aber rot lackiert. Wer dazu Belieben hat, kann sich bei dem Intelligenzkomtoir oder dem Buchdrukker Tappert melden."

Das Cembalo gelangte in den Privatbesitz der Familie von Colomb und später der Familie de Pottere. 1950 ging es über die de Pottere - Stiftung in den Bestand der Ostfriesischen Landschaft über. Helmut Perl, Kantor und Orgelsachverständiger in Aurich, entdeckte das Instrument auf einem Dachboden und erkannte an der originalen Signatur Christian Zells seinen Wert.

In den 1960er Jahren wurde das Cembalo von Klaus Ahrend unter Bewahrung der gesamten historischen Substanz vorbildlich restauriert. Dabei wurde festgestellt, dass der lackierte Resonanzboden noch nie aus seiner originalen Position entfernt worden war. Bei diesem Cembalo sind der originale Resonanzboden, die Klaviatur, die meisten Springer, die Stimmnägel und die ursprüngliche Registermechanik erhalten geblieben. Es ist eines der besterhaltenen deutschen Cembali.

Das Zell-Cembalo hat einen Tonumfang von C-d^3, zwei 8-Fuß-Register und ein 4-Fuß-Register sowie einen Lautenzug. Die Springerreihe für den 4-Fuß befindet sich in der Mitte. Vorne am Steg wird der leisere, nasale 8-Fuß angerissen, der starke, grundtönige 8-Fuß wird in dritter Reihe angespielt, wo die Saiten zu einer stärkeren Schwingung angeregt werden können. Der nasale 8-Fuß reißt nach rechts an, der 4-Fuß und der starke 8-Fuß reißen nach links an. Das Zell-Cembalo ist aus konservatorischen Gründen einen Ton tiefer als normal gestimmt (a^1= 392 Hz).

Obwohl das Cembalo vornehm und unaufdringlich klingt, besitzt sein Klang eine unglaubliche Tragfähigkeit auf große Distanz. Das Zell-Cembalo hat eine außergewöhnlich lange anhaltende Resonanz. Die Intensität, mit der die Töne fortklingen, ist unvergleichlich.

Die Basslage klingt sehr voll und tragend und zum Diskant hin blühen die Register wunderbar auf. Es entsteht ein Klangbild von großer Transparenz und polyphoner Zeichnungsfähigkeit.

Die beiden 8-Fuß- Register verfügen über eine ausgeprägte Individualität. Der innere 8-Fuß hat einen vornehm nasalen Ton, aber dennoch mit Substanz. In Verbindung mit dem Lautenzug ergibt sich eine sehr ästhetische Imitation des Lautenspiels. Der hintere 8-Fuß hat einen runden, vollen Ton, der nach dem Anriss noch deutlich aufblüht. Wenn die 8-Fuß-Register einzeln gespielt werden, gibt das jeweils ausgeschaltete Register einen sehr schönen räumlichen akustischen Hintergrund. Die Stimmhaltung des historischen Instrumentes ist außerordentlich gut. Das Zell-Cembalo ist ein kostbares Referenzinstrument für die Bach-Zeit.

Zell-Cembalo

Während das Hamburger Zell-Cembalo von 1728 reich mit Verzierungen und Chinoiserien geschmückt ist, haben sich auf dem ostfriesischen Instrument die ursprünglichen Dekorationen nicht erhalten. Sein Korpus besteht aus Kiefernholz. Durch dessen Fettgehalt haben sich die ursprünglichen Dekorationen vermutlich nicht lange auf der Oberfläche gehalten, wie es schon die Annonce aus dem Jahr 1749 vermuten lässt. Unter der roten Farbe befinden sich Reste von Gips und Farbe. Chinoiserien wurden in Hamburg mit Gips und Farbe nachgeahmt. Eine Restaurierung der Dekoration wurde von Fachleuten als nicht aussichtsreich eingeschätzt. Auf alten Fotos kann man Schlittschuhläufer, einen Schlitten und einen Hund erahnen.

Cembalo Universale
Keith Hill, Grand Rapids 1983

Das Cembalo Universale wurde im Jahre 1983 auf Initiative von Prof. Harald Vogel von Keith Hill nach Beschreibungen von Michael Praetorius gebaut. Praetorius beschreibt im 1619 erschienenen zweiten Band seines Lexikons Syntagma Musicum De Organographia ein Instrument, das er in Prag bei einem Organisten und Komponisten kennengelernt hat. Dieses Instrument sei 30 Jahre zuvor in Wien gebaut worden. Praetorius nennt es Clavicymbalum Universale oder Clavicymbalum perfectum. In Italien wird es auch Cimbalo cromatico genannt.

Es hat einen Tonumfang von vier Oktaven mit insgesamt 77 Tasten. Das sind 28 Tasten mehr als üblich, was bedeutet, dass es

Cembalo Universale nach Michael Praetorius, Keith Hill 1976

Cembalo Universale Klaviatur mit Subsemitonien

zenreiner Stimmung gespielt werden.

Die Claviermusik des 17. Jahrhunderts beschränkt sich (Ausnahmen bestätigen die Regel) auf den Gebrauch der Stammtöne C, D, E, F, G, A, H auf den Untertasten der Klaviatur sowie auf die davon durch Chromatisierung abgeleiteten Töne Cis, Es, Fis, Gis und B auf den Obertasten. Die Musik dieser Epoche bezieht ihre Ausdruckskraft ganz wesentlich aus dem mitteltönigen Stimmungssystem, dessen Kennzeichen die vollkommenen Großterzen in den Durakkorden über Es, B, F, C, G, D, A und E sind. Mit diesen Akkorden sind alle vorhandenen 12 Töne ausgeschöpft.

pro Oktave sieben Zusatztasten gab. In diesem Instrument verbinden sich der hohe ästhetische Anspruch an eine terzenreine Stimmung und der Wunsch nach einer Universalität im Gebrauch der Tonarten.

Das Cembalo Universale von Keith Hill hat den beschriebenen Tonumfang von vier Oktaven (C-c^3), die mit jeweils 7 Subsemitonien (zusätzlichen Halbtönen, eingefügt als Obertasten) ausgestattet sind. Das Instrument verfügt damit über 19 Tasten pro Oktave und ermöglicht es, das terzenreine „mitteltönige" Stimmungssystem der Renaissance und des Frühbarock von 8 auf 16 Durdreiklänge zu erweitern. Dadurch kann das experimentelle chromatische Repertoire der Spätrenaissance und des Frühbarock in ter-

Die acht vollkommenen Durterzen in der mitteltönigen Stimmung entsprechen den natürlichen Durterzen in der Obertonreihe zwischen dem 4. und dem 5. Teilton. Sie

Cembalo Universale

sind gegenüber den Terzen der modernen Klavierstimmung deutlich kleiner und schweben nicht. Im mitteltönigen Stimmungssystem sind alle Tasten eindeutig in ihrer Funktion belegt. Eine „enharmonische Verwechslung" ist nicht möglich. Das „es" kann zum Beispiel nicht in ein „dis" umgedeutet werden, da es hierfür viel zu hoch eingestimmt ist. Entsprechendes gilt für alle anderen Töne. Als weiteres Charakteristikum kommt die Wolfsquinte zwischen „gis" und „es" hinzu (eigentlich eine verminderte Sexte), die einen Dur-Akkord auf „gis" vollkommen unmöglich macht. Es gibt weder einen erträglichen Terzklang, noch eine genießbare Quinte.

Mit dem Cembalo Universale werden diese Einschränkungen ohne Verluste der Klangreinheit überwunden. Die zusätzlichen Tasten, die auch Subsemitonien (Unterhalbtöne) genannt werden, erweitern die Skala um die Töne „ces" (im Bass), „des", „dis", „eis", „ges", „as", „ais", „his" (im Diskant). Dadurch können insgesamt 16 Durakkorde mit vollkommener Terz gespielt werden. Dieser Tonvorrat reicht allerdings noch nicht aus, um durch ganzen Quintenzirkel zu modulieren.
Als Alternative zum mitteltönigen System kann auch eine 19-tönige gleichstufige Stimmung nach Guillaume Costeley (um 1531-1606) eingestimmt werden. Sie hat ähnliche Qualitäten wie die mitteltönige Stimmung, nur dass die Dur-Terzen gegenüber der terzenreinen mitteltönigen Stimmung sogar ein bisschen zu eng bemessen sind. Die Stimmung nach Costeley ermöglicht es, mit 19 Tasten pro Oktave ganz durch den Quintenzirkel zu modulieren, wobei ihre ästhetische Qualität jener der mitteltönigen Stimmung sehr nahe kommt. Durch die insgesamt 77 Tasten muss der Corpus des Cembalo Universale sehr viele Saiten aufnehmen. Dadurch wurde das Instrument in der Bauweise breiter als ein normales Cembalo. Um eine angemessene Proportion zu erhalten, wurde das Instrument auch entsprechend lang konzipiert, was es ermöglichte, außer den zwei 8-Fuß-Chören und einem 4-Fuß-Chor sogar ein 16-Fuß-Register zu integrieren.

Keith Hill hat das Cembalo mit einer prächtigen Dekoration versehen. Dazu zählen auch zwei lateinische Inschriften nach historischem Vorbild: Der vordere Teil des Deckels, der die Klaviatur abdeckt, trägt die Inschrift: MUSICA DONUM DEI – Die Musik ist das Geschenk Gottes. Auf dem großen Innendeckel heißt es: SPIRITUS OMNIS LAUDET DOMINUM IN CORDIS – Der Geist aller Dinge lobe den Herrn in Saiten(spiel).

Das Cembalo Universale von Keith Hill hat einen starken, charakteristischen und gravitätischen Klang. Dieses Instrument eröffnet die einzigartige Möglichkeit, die Besonderheit terzenreiner Temperierungen und die daraus resultierenden Konsequenzen für die enharmonische Verwechslung kennenzulernen. Dabei ist dieses Klangerlebnis so deutlich, dass jeder, unabhängig von der musikalischen Vorbildung, diese Hörerfahrung nachvollziehen kann. Für Schüler und für Studenten kann an diesem Instrument eine praxisorientierte Vermittlung von den musiktheoretischen, physikalischen und mathematischen Gesetzmäßigkeiten der verschiedenen Stimmungssysteme erfolgen.

Cembalo nach Ruckers

Cembalo nach Ruckers
Keith Hill, Grand Rapids 1976,
private Leihgabe Prof. Harald Vogel

Das Cembalo nach Ruckers, erbaut von Keith Hill im Jahre 1976, gibt ein Beispiel für die flämische Tradition im Cembalobau. Die Instrumente der Cembalobauerfamilie Ruckers, die zwischen 1570 und 1660 in Antwerpen gefertigt wurden, gehörten zu den begehrtesten ihrer Zeit und wurden zahlreich nach England, Frankreich und Deutschland exportiert. Die Instrumente, die in großer Vielfalt gebaut wurden, zeichneten sich durch einen kraftvollen und charakteristischen Ton aus. Die wichtigsten Vertreter der Familie Ruckers sind Hans der Ältere (1550 - ca. 1623) und seine Söhne Joannes oder Hans der Jüngere (1578 - 1643) und Andreas der Ältere (1579 - 1654).

Die flämischen Instrumente waren von vergleichsweise schwerer Bauart und dienten noch im 18. Jahrhundert als Vor-

Cembalo nach Ruckers mit Signatur

Inschrift auf dem Vorsatzbrett

Fantasievoll verzierte Tastenfront

bilder für Kopien in anderen Ländern. Als die Musizierpraxis einen größeren Tonumfang erforderte, wurden die Klaviaturumfänge vieler Ruckers-Instrumente durch komplizierte Umbauten erweitert, um sie weiter nutzen zu können. Auch diese veränderten Ruckers-Cembali erfreuen sich bis heute einer großen Wertschätzung.

Das Cembalo nach Ruckers von Keith Hill verfügt über ein Manual mit einem Tonumfang von vier Oktaven, wobei die tiefste Oktave als so genannte kurze Oktave ausgeführt ist. Bei der kurzen Oktave sind die Töne Cis, Es, Fis und Gis ausgelassen. Die Tastenreihe ist verkürzt. Es hat den Anschein, als ob die Klaviatur mit dem Ton E beginnen würde. Auf der Taste E klingt jedoch der Ton C, auf der Taste Fis erklingt das D und auf der Taste Gis erklingt das E. Die Tasten F, G, und A sind normal belegt. Von A an aufwärts sind alle Halbtonschritte vorhanden. Die kurze Oktave ist im Orgelbau in Ostfriesland noch bis in das frühe 18. Jahrhundert bei Orgelneubauten beibehalten worden, wie z.B. bei der Gerhard von Holy-Orgel in Marienhafe, erbaut 1710-13.

Das Cembalo nach Ruckers verfügt über zwei Register in 8-Fuß-Lage, die seitlich am Gehäuse ein- und ausgeschaltet werden können. Die Registerzüge gehen durch die Seitenwand hindurch und sind direkt mit den Rechen für die Springer verbunden.

Kennzeichnend für die Ruckers-Instrumente ist die reiche und kunstvolle Bemalung der Zargen, der vorderen Füllbretter und des Inneren des Deckels. So ist es auch bei diesem Nachbau: Die Malerei auf dem Resonanzboden stellt Blumen, Früchte und Vögel dar, kunstvolle Tapeten und Holzmaserungen dienten zur Verzierung von Gehäuseteilen.

Lateinische Inschriften knüpfen an die Tradition historischer Cembalo-Dekorationen an. Neben zwei Inschriften, die in üblicher Weise erbauliche Gedanken ausdrücken, setzt eine Inschrift einen dunklen Kontrapunkt dagegen. Auf dem Innendeckel lautet die Inschrift: MUSICA PRAELUDIUM VITAE AETERNAE – Die Musik ist das Vorspiel des ewigen Lebens. Der Klaviaturdeckel trägt die Inschrift: CONCORDIA MUSIS AMICA – Die Eintracht ist den Musen eine Freundin.

Auf dem inneren Vorsatzbrett der Klaviatur schrieb Keith Hill Worte, die eine Mahnung über Bedrohung aus Menschenhand aussprechen: PLUTONIUM PRAELUDIUM MORTIS AETERNAE EST – Das Plutonium ist das Vorspiel des ewigen Todes.

Cembalo nach Dulcken Klaviaturen

Cembalo nach Dulcken
Klaus Ahrend, Veenhusen 1966

Durch eine großzügige private Spende von Dr. Eckhardt konnte das ORGANEUM im Jahr 2009 seine Instrumentensammlung um ein ausgesprochen klangschönes Cembalo bereichern: Es handelt sich um ein 1966 von Klaus Ahrend erbautes zweimanualiges Cembalo nach Dulcken. Es hat einen Tonumfang von F_1 -f^3, zwei 8-Fuß Register, ein 4-Fuß-Register und einen Lautenzug.

Dieses Cembalo wurde in konsequent historischer Bauweise gefertigt und zeigt eindrucksvoll, dass Klaus Ahrend zu den Meistern hochqualitativen Cembalobaus im 20. Jahrhundert zählt. Das Ahrend-Cembalo nach Dulcken begeistert durch seinen grundtönigen und gesanglichen Ton, der sich im kammermusikalischen Zusammenspiel wunderbar mit anderen Instrumenten verbindet. Die sorgfältig gearbeiteten, handschmeichlerischen Klaviaturen tragen wesentlich zu der angenehmen Spielart bei. Seinen Vorbildern entsprechend hat dieses Instrument den großen

Cembalo nach Dulcken

Tonumfang, das „grand ravalement", das die Interpretation des glanzvollen späten Cembalorepertoires und der frühen Klaviermusik gleicherweise ermöglicht.

Die Instrumente der Cembalobauerfamilie Dulcken stehen in der Tradition der berühmten flämischen Instrumentenbauer Ruckers und Couchet. Die Instrumente der Dulckens verbinden Elemente des flämischen und des deutschen Cembalobaus. Der Begründer der Werkstatt, Johann Daniel Dulcken (1706-1757), wurde als Sohn eines Pastors in Wingeshausen geboren. Johann Daniel Dulcken war spätestens ab 1736 in Maastricht tätig und übersiedelt 1738 nach Antwerpen, wo zu dieser Zeit mit Alexander Britsen und Jacobus van den Elsche noch zwei Cembalobauer der so genannten flämischen Schule ansässig waren. Zwei Söhne Johann Daniel Dulckens wurden ebenfalls als Cembalobauer bekannt: Der 1733 in Maastricht geborene Johan Lodewijk Dulcken trat ab 1755 in Amsterdam und ab 1793 in Paris als Cembalobauer auf. Joannes Dulcken (1742-1775) übernahm das Atelier des Vaters, wechselte aber später nach Brüssel, Amsterdam und Den Haag.

Cembalo nach italienischem Vorbild,
Klaus Ahrend, Veenhusen 1969

Im Jahr 2012 konnte das ORGANEUM ein zweites von Klaus Ahrend erbautes Instru-

Italienisches Cembalo von Klaus Ahrend

Italienisches Cembalo, Nachbau von Klaus Ahrend

ment erwerben. Es handelt sich um ein im Frühjahr 1969 erbautes italienisches Cembalo, dessen dünnwandiger Corpus aus Sumpfzypresse gefertigt ist. Die Seitenwände vieler italienischer Instrumente wurden wegen der besonderen Resonanzeigenschaften traditionell aus nur wenige Millimeter dickem Zypressenholz hergestellt. Daher war es nicht möglich, an der empfindlichen Gehäusewand einen Deckel zu befestigen. Früher wurde für diese Instrumente ein reich dekorierter Kasten geschaffen, in den das Instrument hineingelegt werden konnte. Diese Konstruktion wird im Cembalobau heute „true-inner-outer" genannt. Andere Instrumente dieser Epoche wurden mit ei-

Detail Cembalo: Schall-Loch mit Rosette

nem starken Gehäuse gebaut, wobei bei der inneren Gestaltung der Anschein erweckt wurde, als sei ein leichtes Instrument aus Zypressenholz eingebettet („false-inner-outer").

Für das italienische Ahrend-Cembalo gibt es zum Schutz einen leichten Deckel, der auf das Instrument aufgelegt werden kann. Es hat wie seine frühbarocken Vorbilder eine kurze Oktave im Bass, woraus seine sehr schlanke Bauweise resultiert, da im Bass vier lange Saiten eingespart werden.

Im Jahr 2012 hat Klaus Ahrend das Instrument, das sich zuvor in niederländischem Privatbesitz befand, neu besaitet und bekielt. Das italienische Cembalo, das in der Regel rein mitteltönig eingestimmt wird, entfaltet mit seinen zwei 8-Fuß-Registern ein kraftvolles, lebendiges und brillantes Klangbild.

Es ist ein glücklicher Umstand, dass das ORGANEUM mit dem Dulcken-Nachbau und dem italienischen Cembalo zwei Klaus Ahrend-Instrumente erwerben konnte, die über die Arbeit dieses bedeutenden Instrumentenbauers ein hervorragendes Zeugnis abgeben.

Cembalo nach Christian Zell, Nachbau Martin Sassmann

Cembalo nach Christian Zell
Martin Sassmann

Von den drei erhaltenen Instrumenten Christian Zells ist das Hamburger Originalinstrument von 1728 wegen seiner Größe besonders häufig nachgebaut worden.

Das Instrument verfügt über zwei Manuale mit einem Tonumfang von F_1 bis d^3 und ist mit zwei 8-Fuß-Registern und einem 4-Fuß-Register und sowie einem Lautenzug für den leisen 8-Fuß ausgestattet. Das Hamburger Originalinstrument ist zudem überaus reich dekoriert.

Ein Nachbau des Hamburger Instrumentes aus der Werkstatt von Martin Sassmann gehört zum Grundbestand der ORGANEUM-Sammlung. Es berücksichtigt die grundlegenden Maße und Umfänge, ist jedoch in der Dekoration und in der Konstruktion des Untergestells einfacher als das Original gehalten. Die Springer sind aus Kunststoff gefertigt. Der Klang dieses Nachbaus ist kräftig, hell und obertonreich. In Konstruktion und Stimmhaltung hat es sich über mehrere Jahrzehnte als sehr solide und zuverlässig erwiesen. In der blau-roten Farbfassung bietet es ein prächtiges Erscheinungsbild. Auf der Springerfangleiste steht in goldenen Lettern auf Latein geschrieben: MARTIN SASSMANN ME FECIT – Martin Sassmann hat mich gemacht.

Das Clavichord

Das Clavichord und seine Funktion

Der Clavichordbau hat seine Ursprünge im Übergang vom 14. zum 15. Jahrhundert, wenn auch aus dieser Zeit keine Instrumente erhalten sind. Bis zum Ende des 18. Jahrhunderts erfreute sich das Clavichord einer großen Beliebtheit. Bei dieser Instrumentenfamilie unterscheidet man „gebundene" und „ungebundene" Clavichorde. Das gebundene Clavichord kann sehr klein und kompakt gebaut werden, da benachbarte Tasten gemeinsame Saiten anschlagen. Dies verringert den Platzbedarf für die Besaitung, wodurch das Instrument eine geringere Tiefe bekommt. Mit weniger Saiten reduziert sich auch der Aufwand des Stimmens. Das gebundene Clavichord eignete sich wegen der geringen Abmessungen und der guten Stimmhaltung auch als Reiseinstrument. Leopold Mozart führte auf den Reisen mit seinen Wunderkindern ein gebundenes Clavichord von Johann Andreas Stein mit, das in seinen Maßen für den Transport auf den üblichen Reisekutschen abgestimmt war.

Da die Konstruktion des Clavichords nicht viel Höhe beansprucht, können auch zwei Instrumente zu einer zweimanualigen Anlage übereinander gelegt werden. Erweitert um ein angehängtes Pedal oder ein eigenständiges Pedalclavichord ergibt dies eine Spielanlage wie bei der Orgel. Zweimanualige Pedalclavichorde hatten als Übeinstrumente für Organisten eine weite Verbreitung. Leider sind nur sehr wenige Beispiele davon erhalten geblieben.

Beim Clavichord werden die Saiten mit den so genannten „Tangenten" zum Klingen gebracht. Dabei wird ein schmaler Metallsteg, die so genannte Tangente unter die Saiten geschlagen, sodass diese dadurch gleichzeitig verkürzt und in Schwingung versetzt werden. Vergleichbar ist dies mit dem Spiel der Gitarre: Dort drücken die Finger der linken Hand die Saiten auf einen Bund nieder, um sie zu verkürzen und somit in der Tonhöhe zu erhöhen.

Beim Clavichord wird die Tangente als „Bund" unter die Saite geschlagen. Allerdings wird die Saite nicht noch wie bei der Gitarre gezupft. Der Ton wird nur durch den Anschlag der Tangente am dadurch neu definierten Ende der Saite angeregt. Entsprechend gering ist die Schwingung der Saite. Allerdings kann der Ton durch den Anschlag und das Halten der Taste in feinen Nuancen individuell gestaltet werden. Es ist sogar möglich, eine Bebung in den gehaltenen Ton zu bringen. Das Clavichord ist das älteste Tasteninstrument mit dynamischen Anschlag, denn es existierte bereits zwei- bis dreihundert Jahre vor dem Hammerklavier.

Das Clavichord kann zwar naturgemäß keine große Lautstärke entfalten. Sein Dynamikbereich erstreckt sich nur vom Pianissimo bis zum Mezzopiano, bietet hier aber eine Fülle feinster Nuancen. Das Clavichord vermag es wie kein anderes Instrument, die Zuhörer in große Aufmerksamkeit zu versetzen und das Gehör zu öffnen. Mit seinem feinen Klang ist es als Übe-Instrument zu allen Tages-und Nachtzeiten geeignet.

Ähnlich wie bei der Gitarre ist es auch bei dem Clavichord wichtig, den Ton gut zu „greifen" und zu „halten", damit er in der gewünschten Länge gut klingen kann und nicht schnarrt. Dies fordert zu einer sehr bewussten Spielhaltung heraus und fördert die Sensibilität und Kontrolle des Anschlags. Daher wird das Clavichordspiel heute von einigen Hochschulen wieder in den Lehrplan aufgenommen. Mit seinem feinen und facettenreichen Klang konnte sich das Clavichord auch in der Zeit des empfindsamen Stils großer Beliebtheit erfreuen. Daraus erklärt sich, dass Instrumentenbauer bis weit in die Zeit des Hammerklaviers hinein mit Erfolg Clavichorde verkaufen konnten.

Clavichord nach Praetorius
Matthias Griewisch, Bammental 2007

Im Jahr 2011 erhielt das ORGANEUM von Dr. Eckhardt eine dritte großzügige private Zuwendung zur Anschaffung eines Clavichordes. Die Wahl fiel auf das „Gemein Clavichord", wie es Michael Praetorius 1619 in Syntagma Musicum II - De Organographia dargestellt hat. Dieses In-

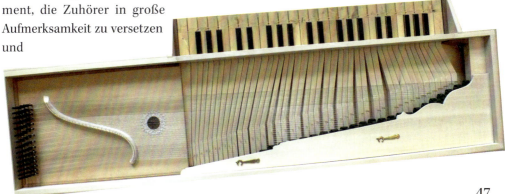

Tasten und Tangenten

Schall-Loch, Steg und Stimmwirbel

Durch das *Gemein Clavichord* wird die Sammlung im Hinblick auf die Instrumente der Renaissance-Zeit entscheidend bereichert. Das Praetorius-Clavichord bildet zusammen mit dem Cembalo nach Ruckers, dem Cembalo Universale und der Baldachin-Orgel ein musikalisches Renaissance-Ensemble.

Michael Praetorius beschreibt die Vorteile des Clavichords für die Musikerausbildung folgendermaßen: „Eben also ist auch das Clavichordium, das Fundament aller Clavirten Instrumenten, als Orgeln Clavicymbeln, Symphonien, Spinetten, Virginall etc. Doruff auch die Discipuli Organici zum Anfang instruirt und unterrichtet werden: Unter andern fürnemlich darumb / daß es nicht so grosse mühe und unlust gibt mit befiddern, auch vielen und offtern umb- und zurecht stimmen / Sintemal die Saiten doselbst ungleich beständiger seyn und bleyben / als uff den Clavicymbeln oder Spinetten…"

strument, das zu Beginn des 17. Jahrhunderts allgemein verbreitet war und das die Grundlage für das Erlernen aller Arten von Tasteninstrumente darstellte, ist 2007 von Matthias Griewisch nach der Zeichnung von Praetorius rekonstruiert worden. Dort, wo die Zeichnung nicht ausreichte, diente ihm ein Clavichord in Edinburgh (vormals R. Mirrey- Collection) als Vorbild, das dem Praetorius-Clavichord sehr nahe kommt.

Das Clavichord von Matthias Griewisch ist ein instrumentenbauliches Kleinod, das sich durch eine bläserhafte Klangdichte, ein straffes, klares Spielgefühl, sorgfältige Materialwahl und handwerkliche Vollkommenheit auszeichnet. Die edle Klaviatur mit Buchsbaum- und Ebenholzbelägen verfügt über die Tasten C D E F G A-c^3, was einem Umfang von vier Oktaven entspricht, von denen die Bassoktave als so genannte „kurze Oktave" ausgeführt ist. Es handelt sich um den Typus des gebundenen Clavichords. Die rein

Clavichord, nach Christian Gottlob Hubert

mitteltönige, „praetorianische" Stimmung ist bereits in den Abständen der Tangenten angelegt, welche den Tonabstand benachbarter Töne vorgeben. Nach eingehenden Versuchen entschied sich Matthias Griewisch im Hinblick auf die zierlichen Gehäuseabmessungen dazu, das Instrument in einer Quarttransposition einzustimmen. Der Ton auf der Taste e^1 hat eine Frequenz von 415 Hz, was sonst dem Ton a^1 in üblicher „historischer" Stimmung entspricht. Das Praetorius-Clavichord liefert mit seiner dauerhaften Stimmhaltung den Beweis für Richtigkeit der lobenden Worte, mit denen Michael Praetorius die Vorzüge des Clavichords gepriesen hat. Es lässt die Besonderheit des Clavichordspiels auf überzeugende Weise erlebbar werden.

Clavichord nach Hubert 1789
Gregor Bergmann, Leer 2012

Ende des Jahres 2012 konnte die Instrumentensammlung um ein kunstvoll gearbeitetes Clavichord erweitert werden. Der Nachbau eines gebundenen Clavichords nach Christian Gottlob Hubert (1789)

Tasten und Tangenten

wurde von dem Leeraner Instrumentenbauer Gregor Bergmann gefertigt.

Christian Gottlob Hubert wurde 1714 in Fraustadt im heutigen Polen geboren und lebte vermutlich ab 1740 in Bayreuth, wo er erfolgreich Instrumentenbau betrieb. Seine Instrumente konnte er bis nach Frankreich, England und Holland verkaufen. Sie waren so geschätzt, dass seine Clavichorde den sieben- bis achtfachen Preis gewöhnlicher Instrumente erzielen konnten.

Das Vorbild für den Weeneraner Nachbau steht im Germanischen Nationalmuseum in Nürnberg. Es ist das jüngste Instrument von 18 Clavichorden, die aus der Werkstatt Huberts erhalten sind. Es hat einen Tonumfang von C-g^3, was zum Beispiel dem Tonumfang heutiger Orgeln entspricht. Bei diesem Instrument hat im Bass von C-e° jede Taste ihr eigenes Saitenpaar. Danach sind jeweils die Töne f/fis, g/gis, b/h, c/cis, es/e einem gemeinsamen Saitenpaar zugeordnet. Das bedeutet, dass diese Töne nicht gleichzeitig angeschlagen und auch nicht im Legato miteinander verbunden werden können.

Andernfalls kann man hören, dass sie sich gegenseitig beeinflussen. Werden sie zugleich angeschlagen, erklingt der höhere Ton von beiden. Die Töne a und d sind jeweils frei, denn ihre Saiten werden von keinen anderen Tasten angeschlagen.

Die Bauweise gebundener Clavichorde hat somit einen Einfluss auf die Spielmöglichkeiten und auf die Artikulation. Es ist bemerkenswert, dass solche Instrumente bis in die späte Periode des Clavichordbaus nachgefragt wurden. Von den erhaltenen Hubert-Clavichorden entsprechen 15 Instrumente dem gebundenen Typus, darunter auch die zwölf jüngsten Instrumente. Das Hubert-Clavichord hat als Rokoko-Instrument eine elegante Bauform, die in dem Nachbau bis in die Intarsien nachgebildet wurde. Die geschwungenen Formen des Untergestells entsprechen den Stilelementen, die auch die Iben-Kabinettorgel von 1790 zeigt. Das Hubert-Clavichord spielt sich ausgesprochen leicht und sicher und klingt sehr transparent und deutlich, was auch ein großer Vorteil der gebundenen Bauweise ist.

Die Klavier-Sammlung

Das Fortepiano und seine Funktion
Schon an der Wende zum 18. Jahrhundert entstanden erste besaitete Tasteninstrumente, die eine Hammermechanik zur Tonerzeugung nutzten. Ziel dieser Entwicklung war es, stärkere anschlagsdynamische Instrumente zu entwickeln, die für das Konzertleben genutzt werden konnten. Das Clavichord, das zwar ästhetisch höchste Ansprüche erfüllen konnte, war bauartbedingt in der Tonfülle nicht zu steigern. Im Unterschied zum Clavichord, bei dem der Ton durch eine Tangente „gegriffen" und „gehalten" wird, geschieht die Tonbildung beim Fortepiano durch einen kleinen Hammer, der nach einer Beschleunigungsphase

Tafelklavier Johann Peter Hinrichs, 1822

frei an die Saite schwingt und von dort unmittelbar zurückfedert und gefangen wird. Aus den Klangmöglichkeiten der neu erfundenen Instrumente leitet sich deren Name „Fortepiano" (laut/leise) oder „Pianoforte" (leise/laut) ab.

Im späten 18. Jahrhundert hatten sich die beiden Bauarten Tafelklavier (Tischform) und Hammerflügel (Flügelform) bereits weitgehend gegen das Cembalo durchgesetzt, während sich das ebenfalls anschlagsdynamische Clavichord noch bis Ende des 18. Jahrhunderts einer größeren Wertschätzung erfreuen konnte.

Die Vielfalt der Hammerklaviere und ihrer Konstruktionen war anfangs noch so groß, wie die Anzahl ihrer Erbauer. Die Hammermechanik wurde kontinuierlich weiterentwickelt, um eine schnelle Repetition (Wiederholung) und feinfühlige Kontrolle des Klanges zu erreichen. Der Wunsch, die Tonfülle zu steigern, führte zu höheren Saitenspannungen, Saitendicken und somit zur Verstärkung der Instrumente mittels gusseiserner Rahmen. Im Laufe dieser Entwicklung wurde das Klangbild grundtöniger und die Spielmechanik schwergängiger.

Hinrichs-Signatur unter der obersten Taste

Frühe Instrumente klingen in den verschiedenen Oktavlagen noch unterschiedlich und ihr Timbre ist insgesamt sehr hell und farbenreich. Der Bass klingt prägnant und hell, wodurch tief liegende Akkorde transparent bleiben. Im Diskant wirken manche Instrumente sehr filigran.

Beim Hammerklavier werden die Saiten wie beim Cembalo nach dem Verlassen der Taste durch einen Dämpfer wieder zum Verstummen gebracht. Diese Wirkung ist aber bei den frühen Instrumenten noch nicht perfektioniert, sodass sie einen leichten Nachklang haben, der einen eigenen musikalischen Reiz hat. Außerdem können die Dämpfer beim Hammerklavier auch unabhängig vom Spiel einer Taste mittels eines Kniehebels oder Fußpedals aufgehoben werden. Dann klingen die gespielten Saiten nach und andere Saiten geraten ebenfalls in Resonanz. Dieser Effekt des „Haltepedals" ist typisch für die Klaviermusik. Der Klang ganzer Passagen kann „in das Pedal genommen werden" und effektvoll verschmelzen. Selbst weit entfernte Akkorde können mit dem Haltepedal verbunden werden.

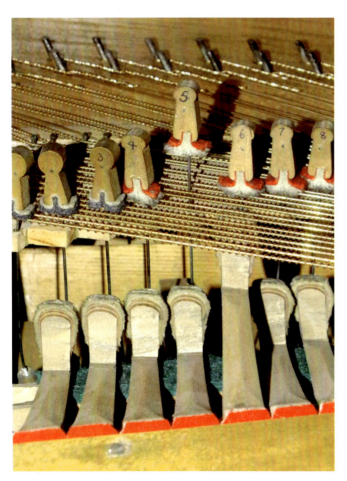

Tafelklavier Hinrichs: Hammerköpfe, umsponnene Saiten und Dämpfer

Die Kompositionen für Tasteninstrumente wurden in der frühen Zeit häufig noch nicht eindeutig dem Hammerklavier zugeschrieben, weil sich die neuen Instrumente erst allmählich etablierten. So kann diese Musik auf dem Clavichord, dem Cembalo oder dem Fortepiano wiedergegeben werden. Die erhaltenen historischen Klavierinstrumente des 18. und 19. Jahrhunderts sind wertvolle Zeugen ihrer Epochen. Die Klaviermusik von Carl Philipp Emanuel Bach, Joseph Haydn und Wolfgang Amadeus Mozart, aber auch die Musik Ludwig van Beethovens und späterer Komponisten entfaltet auf den jeweils zeittypischen Instrumenten eine besondere, meist dramatischere, aber auch filigranere und insgesamt stiltypi-

Detail mit Landschaft

Tafelklavier Hinrichs, Kniehebel

schere Wirkung. Die heutige Standardisierung im Klavierbau und in der Klavierästhetik, die auf dem Fortschrittsgedanken einer „Vervollkommnung" aufbaut, erhält durch die Originalklänge früherer Zeiten einen wichtigen Kontrapunkt.

Tafelklavier
Johann Peter Hinrichs, Hamburg 1822
Das Tafelklavier des Hamburger Klavierbauers Johann Peter Hinrichs ist ein bedeutsames Beispiel für den feinen Klang des frühen Fortepianos. Es ist mit dem Namen „J.P. Hinrichs", der Nummer „1486" und dem Datum „23. Sept. 1822 in Hamburg" signiert. In seinen Maßen zeigt es noch eine große Ähnlichkeit mit dem Clavichord. In der Bauweise steht es in der englischen Tradition. Das Tafelklavier hat einen Tonumfang von F_1 bis f^3 und eine doppelte Saitenbespannung. Es ist unter Verzicht auf metallene Anhängungen oder Rahmen ganz aus Holz gebaut. Das Instrument verfügt über eine einfache Stoßmechanik, eine so genannte „Single Action", bei welcher die Hämmerchen von schräg auf der Taste befestigten Stößeln nach oben geschleudert werden.

Die Hammerköpfe sind dünn mit Leder bezogen und mit sehr feinem Leder an ihrem Lager angeschwänzt. Auf dem hinteren Ende der als Wippe gelagerten Tasten steht der Dämpfer, der bei Tastendruck angehoben und beim Loslassen der Taste wieder auf die Saite gesenkt wird. Mittels eines Kniehebels können die Tasten am hinteren Ende etwas angehoben werden, sodass die Dämpfung aufgehoben wird. Das Gehäuse ist mit edlem Furnier belegt, mit zierlichen Messingbeschlägen versehen und auf der Vorderseite mit der Darstellung einer Landschaftsszene in einem Medaillon verziert.

Der Klang dieses Instrumentes ist zart und farbenreich. Die Musik der frühen Klassik bekommt auf diesem Tafelklavier eine frische Ausstrahlung und kann auf ganz neue Weise gehört werden. Aus konservatorischen Gründen ist dieses Instrument einen Ganzton tiefer gestimmt als heute üblich (a^1=392 Hz).

Tafelklavier Ludwig Kulmbach

Firmenschild Kulmbach

Tafelklavier

Ludwig Kulmbach, Heilbronn, ca. 1825

Im Jahr 2011 erhielt das ORGANEUM ein historisches Tafelklavier des Erbauers Ludwig Kulmbach (1790-1855) als Schenkung. Das weitgehend vollständig erhaltene Instrument war zu diesem Zeitpunkt restaurierungsbedürftig.

Ludwig Kulmbach zählte zu den renommierten Klavierbauern seiner Zeit und hatte seine Werkstatt in Heilbronn am Neckar, wie es auf dem ovalen Namenschild oberhalb der Klaviatur zu lesen ist. Das Tafelklavier stammt aus der Zeit um 1825, wie es seine Größe und die Ähnlichkeit mit anderen erhaltenen Instrumenten vermuten lassen. Beim Bau verzichtete Kulmbach noch auf den Einbau einer metallenen Anhängung für die Bass-Saiten. Der Korpus ist mit Nussbaum furniert, die Untertasten sind mit Elfenbein belegt, die Obertasten mit Ebenholz. Am Korpus ist ein zusammenlegbares Notenpult in Form eines Fächers befestigt. Zu beiden Seiten der Klaviatur sind zwei Leuchterhalter mit Messinghülsen befestigt. In der Gestaltung zeigen die Kulmbach-Instrumente einen Personalstil von Wiedererkennungswert.

Die Lyra mit den drei Pedalen ist später erneuert worden. Der Tonumfang des Instruments beträgt gut 6 Oktaven von F_1 - g^4. In der Kontraoktave (F_1-C) hat es eine einfache Besaitung, von Cis bis g^4 ist es doppelchörig besaitet.

Im Jahr 2013 wurde das Kulmbach-Klavier durch den Norder Orgelbaumeister Bartelt Immer restauriert. Er stellte die geschwächte Statik wieder her, restaurierte die Dämpfungszungen, reparierte die Prell-Mechanik, rekonstruierte die Besaitung und restaurierte den Fagott-Zug und das fächerartige Notenpult.

Das Kulmbach-Tafelklavier klingt fein und doch deutlich stärker als das Hinrichs-Klavier. Der Klang ist in allen Lagen erstaunlich ausgeglichen. Das Instrument verfügt über drei Pedale: Haltepedal, Dämpfung und Fagott. Das Haltepedal hebt die Dämpfung auf, das Dämpfungspedal schiebt kleine Filzzungen zwischen Saiten und Hämmer und der Fagottzug senkt eine Hadernpapierrolle auf die Bass-Saiten, sodass ein summender Ton erzeugt wird.

Durch die Restaurierung steht dem ORGANEUM nun ein Instrument zur Verfügung, das im Stimmton mit Soloinstrumenten kompatibel ist und frühe Klaviermusik repräsentativ wiedergeben kann. Die Restaurierung des Kulmbach-Tafelklaviers wurde durch den Förderkreis Organeum in Weener e.V. finanziell unterstützt.

Tafelklavier
Gebrüder Knake,
Münster Mitte 19. Jahrhundert Dauerleihgabe des Heimatmuseums Weener

Den Übergang zur Romantik repräsentiert ein Tafelklavier der Gebrüder Knake aus

Tafelklavier Knake

Münster, dessen Korpus ebenfalls mit Nussbaum furniert ist. Es stammt etwa aus der Mitte des 19. Jahrhunderts. Im Unterschied zum Hinrichs- und dem Kulmbach-Klavier ist seine Konstruktion durch eine Metallplatte verstärkt, um die höhere Zugkraft der Besaitung aufzunehmen. Das Gehäuse ist edel verarbeitet und mit Zierleisten und Intarsien verziert. Die Klaviatureinfassung ist elegant gerundet. Die metallene Verstärkung im Inneren ist mit einer Marmorierung geschmückt. Das Tafelklavier hat einen doppelten Saitenbezug und eine englische Mechanik. Das Knake-Klavier wurde in mehreren Schritten restauriert. Zunächst wurden durch einen Klavierbauer die Hammerköpfe erneuert und entsprechend den Vorbildern ausgeformt. Eine gezackte Dämpfungsleiste aus Filz, die bei Betätigung des linken Pedals zwischen Hämmer und Saiten fährt, wurde nach Vorbild erneuert. Die originale Besaitung wurde ergänzt.

Nachdem später die im Eichenholz festgefressenen Drähte der Auslösung gängig gemacht werden konnten, war das Instrument wieder regulierbar und die Mechanik wurde auf einen sensiblen Tastengang eingestellt. Die neuen Hammerköpfe erweisen sich allerdings als vergleichsweise hart. Es wäre denkbar, die noch vorhandenen alten Hammerköpfe zu restaurieren oder Hammerköpfe aus weniger hartem Filz nachbauen zu lassen.

Das Knake-Klavier überragt wiederum das Kulmbach-Klavier deutlich an Klangstärke. Die drei Tafelklaviere von Hinrichs, Kulmbach und Knake veranschaulichen eindrücklich die Zunahme an Klangstärke mit den Entwicklungsstufen des Klavierbaus in der ersten Hälfte des 19. Jahrhunderts.

Pedalklavier
Firma Berdux,
München, nach 1911
Private Leihgabe Familie Janse-Balzer

Im Herbst 2008 erhielt das ORGANEUM als private Leihgabe ein rund einhundert Jahre

Pedalklavier mit Orgelbank

Pedalklavier Signet

Geöffnete Ansicht des Pedalklaviers

altes Klavier, das nachträglich mit einer angehängten Pedalklaviatur ausgestattet worden ist. Das Klavier des renommierten Münchner Herstellers Berdux diente Anne Risselada, Organist in Leens und Musikdozent in Groningen als Übe-Instrument. Dieses klangschöne Klavier verfügt über einen Tonumfang von A_2 - a^4. Das nachträglich angebaute Pedal ist um eine Oktave nach unten versetzt über ein Wellenbrett fest angekoppelt und klingt daher in 16-Fuß-Lage. Diese Konstruktion bietet erstaunliche Übe- und Spielmöglichkeiten und zeigt, wie attraktiv es ist, ein Klavier mit einer Pedalklaviatur zu versehen.

Das Harmonium

Das Harmonium und seine Funktion

Das Harmonium verdankt seine Entwicklung der Suche nach einer Orgel mit dynamischer Expressivität. Da die Orgel ein Blasinstrument ist, liegt es nahe, die Lautstärkeveränderung über eine Modulation des Winddrucks anzustreben. Allerdings scheitert dieses Ansinnen bei der herkömmlichen Pfeifenorgel an einer maßgeblichen Vorgabe: Die Pfeifenorgel wird auf einen bestimmten, gleich bleibenden Winddruck intoniert. Nur so können die Vervollkommnung der Ansprache und Klangschönheit der einzelnen Pfeifen und die reine Stimmung der Pfeifen untereinander erreicht werden. Bei der Pfeifenorgel ist eine dynamische Veränderung nur durch das Hinzuziehen oder Abstoßen von Registern möglich. Hierbei sind in der Regel hörbare Klangabstufungen unvermeidbar.

Um eine stufenlose Veränderung zu ermöglichen, wurde schon im 18. Jahrhundert damit experimentiert, Teilwerke der Orgel in einen Schwellkasten einzubauen. Durch bewegliche Türen konnte die Lautstärke mittels eines Fußhebels beeinflusst werden. Der Traum einer Orgel, deren Tonstärke unmittelbar im Klang beeinflusst werden kann, war damit noch nicht verwirklicht.

Schon im ausgehenden 18. Jahrhundert wurden im Orgelbau Versuche mit so genannten „durchschlagenden" Zungen gemacht. Die herkömmlichen Zungenregister, die auch heute mehrheitlich im Orgelbau Verwendung finden, werden „aufschlagende" Zungen genannt. Ihre Tonerzeugung ist mit der Klarinette vergleichbar. Hier schlägt ein Zungenblatt auf eine Kehle (Mundstück) auf. Der Winddruck muss dabei konstant bleiben und die Auslenkung des Zungenblattes ist gleich bleibend stark. Bei einer durchschlagenden Zunge schwingt das Zungenblatt zu beiden Seiten durch einen Rahmen hindurch. Dies eröffnet die Möglichkeit, in Abhängigkeit vom Winddruck die Stärke der Schwingung zu verändern. Dabei ändert sich die Lautstärke, nicht aber die Tonhöhe.

Das Prinzip der durchschlagenden Zunge bildete die Grundlage für die Entwicklung dynamischer Orgeln, woraus sich in der Folge das Harmonium entwickelte. Heute sind die durchschlagenden Zungen vor allem noch in der Mundharmonika und im Akkordeon präsent.

Im Harmoniumbau wurden die Zungen in der Regel ohne Resonator eingesetzt, das heißt, die Zungen können Platz sparend dicht nebeneinander angeordnet werden. Der Name „Harmonium" wurde durch den Franzosen Alexandre-François Debain (1809–1877) geprägt, der 1842 in Paris ein gleichnamiges Instrument patentieren ließ, das für den Harmoniumbau vorbildhaft wurde. Zuvor hatte Anton Haeckl 1821 in Wien ein Instrument mit durchschlagenden Zungen unter dem Namen „Physharmonika" patentieren lassen.

Der berühmte Orgelbauer Aristide Cavaillé-Coll (1811–1899) entwickelte um

Harmonium Mustel: Detail zweier Zungenreihen, unten mit Perkussionsmechanik

1833 seine „Poikilorgue", eine „vielgestaltige" Orgel, die die Eigenschaften des Harmoniums in sich trug, sich aber nicht auf dem Markt durchsetzen konnte.

Ausgehend von Frankreich wurde das Harmonium in Europa zunächst als Druckwindinstrument gebaut, das heißt, der Wind wird durch die Zungen geblasen. Die Instrumente der Stuttgarter Pianofortefabrik Schiedmayer zum Beispiel folgen diesem französischen Prinzip. Dazu wird die Luft mit zwei Bälgen, die mit den Füßen bedient werden, geschöpft. Von dort gelangt sie entweder direkt in die Windlade oder zunächst in einen Magazinbalg als Vorratsbalg. Über Registerzüge kann der Windweg zu einzelnen Registerkanzellen freigegeben werden. Auf Tastendruck öffnen sich mehrgliedrige Ventile, sodass der Wind durch die Zungen strömen kann. Mit den Füßen lassen sich der Winddruck und damit die Tonstärke unmittelbar beeinflussen.

Die Umkehrung dieses Systems, das Saugwindharmonium, das bereits 1836 in Berlin von Christian Friedrich Ludwig Buschmann entwickelt wurde, trat seinen Siegeszug ab 1860 in Amerika an und erreichte mit massenhafter Fabrikation auch in Deutschland den Durchbruch. Insbesondere das französische Druckwind-Harmonium erreicht seine außergewöhnlich starke Ausdruckskraft über das Expressionsspiel. Dies bedeutet, dass der Spielwind ohne Zwischenspeicher direkt von den Schöpfbälgen zu den Zungen geleitet wird. Der Expressionszug am Harmonium ist ein Ventil, das den Zustrom zum Magazinbalg verschließt. Der Ton kann dann wie beim Gesang unmittelbar in jeder gewünschten Weise moduliert werden. Dazu ist es erforderlich, ausschließlich mit den Schöpfbälgen in einer „Überlappungstechnik" zu spielen, da es ansonsten unregelmäßige Stöße oder gar Löcher im Klang geben kann. Da dies viel Übung erfordert und bei großen Registrierungen besonders diffizil ist, wurden die Instrumente zur Sicherheit immer auch mit einem Magazinbalg ausgestattet. Ein Magazinbalg hat aber die Tendenz, Winddruckschwankungen auszugleichen und den Winddruck zu egalisieren, womit die eigentliche Ausdrucksfähigkeit des Harmoniums wieder verringert wird.

In Paris wurde das Druckwindharmonium von Victor Mustel mit dem *Harmonium d'Art*, dem *Kunstharmonium* zur höchsten Komplexität und Vollendung geführt. Kennzeichen des Kunstharmoniums sind spezielle Zusatzregister (Musette 16-Fuß und Baryton 32-Fuß im Diskant), die Doppelexpression, die es erlaubt, mittels Kniehebeln die Dynamik zwischen Bass und Diskant unabhängig von der Registrierung anzuheben und abzusenken, verschiedene Schwebungsregister in 2-Fuß-, 16-Fuß- und 8-Fuß-Lage mit doppelten Zungenreihen, die sich besonders gut in den Gesamtklang einfügen, die Perkussion (zuschaltbare Hammermechanik) für das erste Register, Möglichkeit der Klangumfärbung (Métaphone) bis hin zu mechanischen Tastenfesseln (Prolongement) bei späteren Instrumenten.

Das Kunstharmonium nach Mustel wurde auch in anderen europäischen Ländern nachgebaut. Diese Instrumente waren konstruktionsbedingt sehr teuer und daher auch selten.

Die französischen Harmonien von Debain etablierten eine kleinere, aber gleichwohl reichhaltige Disposition mit vier bis viereinhalb Registern als Standard, wobei die Register ebenfalls zwischen e^1 und f^1 in Bass und Diskant geteilt sind. Auf diesen Typus, das *klassische Vierspiel*, bezieht sich ein Großteil der Harmonium-Literatur.

Allerdings gelang es nicht, diesen Standard weltweit zu etablieren. Insbesondere das Bestreben, das Harmonium als preisgünstiges Instrument für den Hausgebrauch durchzusetzen, führte zu einer Verflachung der ursprünglichen künstlerischen Idee. Die in Amerika und Deutschland fabrikmäßig gebauten Saugwindinstrumente unterschieden sich im Tonumfang, in der Registerteilung und in der Disposition von den französischen Vorbildern. Ein Expressionsspiel war in der Regel nicht mehr vorgesehen. Stattdessen übernahm ein einfacher Forteschweller als Kniehebel mit eingeschränkter Wirkung diese Funktion. Die Zahl von Registerzügen bei Saugwindharmonien korrespondiert oft nicht mit der Zahl tatsächlich vorhandener Zungenreihen (Spiele). Häufig wird ein Register zweifach angelegt, einmal voll geöffnet und einmal abgeschwächt. Eine einzelne Zungenreihe ist dann, bedingt durch die Teilung in Bass und Diskant, mit vier Registerzügen verbunden. Auch die vergleichsweise einfachen Saugwindharmonien sollten heute als erhaltenswerte Zeitzeugnisse und klangschöne Begleitinstrumente geachtet und bewahrt werden.

Die Massenfertigung einfacher Saugwindharmonien war die Hauptursache für die vehemente Ablehnung dieses Instrumententypus in der zweiten Hälfte des 20. Jahrhunderts. Heute erlebt das Harmonium wieder eine Renaissance. Es ist an wichtigen Hochschulen als orgelverwandtes Tasteninstrument wieder Teil der professionellen Organistenausbildung.

Die noch vorhandenen Druckwindinstrumente sind unter Kennern begehrt. Die Kunstharmonien sind Beispiele für höchste Vollendung im Instrumentenbau und werden als Raritäten gesucht.

Die im ORGANEUM in der Ausstellung präsentierten Harmonien sind Druckwindinstrumente unterschiedlicher Größe. Darüber hinaus beherbergt das ORGANEUM auch eine Anzahl von Saugwindinstrumenten unterschiedlicher Hersteller und Provenienz.

Druckwindharmonien

Physharmonika
Anonymus, 1. Hälfte 19. Jahrhundert, private Leihgabe Winfried Dahlke

Die Physharmonika verkörpert die frühe Form des Harmoniums. Der Name geht

Physharmonika eines unbekannten Erbauers

auf Anton Haeckl zurück, der ein gleichnamiges Instrument im Jahr 1821 in Wien patentieren ließ. Die Physharmonika ist ein einspieliges Druckwindharmonium. Dies bedeutet, dass es nur eine Reihe durchschlagender Zungen gibt. Daher ist auch kein Registerzug vonnöten. Die Physharmonika hat die Form eines Biedermeier- Tischchens. Die Windversorgung erfolgt über zwei Schöpfbälge mit angehängten Tretarmen, die mit den Füßen bedient werden. Da es keinen speziellen Magazinbalg gibt, muss die Windzuführung mit Überlappung „fächelnd" erfolgen, um einen gleichmäßigen Ton hervorzubringen. Veränderungen des Winddruckes über die Bälge haben unmittelbare Auswirkungen auf die Tonstärke. Die Physharmonika hat ein helles Timbre, das bei geöffnetem Deckel sehr kräftig hervortritt.

Tonumfang: $C-f^3$
Registerteilung: keine
Tonhöhe: $a^1 = 443$ Hz
Ein 8-Fuß-Register ohne Ausschaltung

Kunstharmonium
(**Harmonium d'Art**)
Victor Mustel, Paris, Nummer 330 (1881), private Leihgabe Winfried Dahlke

Das Kunstharmonium von Victor Mustel repräsentiert die höchste handwerkliche Vollendung im Harmoniumbau. Der Firmengründer Charles Victor Mustel wurde 1815 in Le Havre geboren und starb An-

Kunstharmonium Victor Mustel

Signet von Mustel Paris

Registerzüge

fang des Jahres 1890 in Paris. Die Mustel-Harmonien wurden nur in sehr kleiner Stückzahl gebaut und sie waren sehr teuer. Im Zeitraum 1854 bis 1866 entstanden pro Jahr durchschnittlich 8 Instrumente, in der Zeit von 1867 bis 1890 etwa jeweils 16 Instrumente pro Jahr. Alle Komponenten des Innenlebens, der ausgefeilten Mechanik, der ausgeklügelten Technik der Bälge und der Doppelexpression sowie der Spielventile und der hochqualitativen Zungen sind mit wenigen Handgriffen erreichbar. Dieses Instrument wurde nach London ausgeliefert und hat den hohen Stimmton von $a^1 = 454$ Hertz. Die außergewöhnlichen Eigenschaften dieser Instrumente wurden in einem Mustel-Katalog in deutscher Sprache folgendermaßen beschrieben:

„Das Mustel Kunstharmonium ist ein in der ganzen Welt einzig dastehendes Instrument. Es hat nicht allein das kunstverständige Publikum, sei es im Konzert, im Salon oder im stillen Daheim begeistert, sondern die eminente Bedeutung dieser genialen Erfindung wurde in den weitesten Kreisen voll und ganz gewürdigt, denn seit mehr als einem halben Jahrhundert wird es von Virtuosen gespielt, hat es die bedeutendsten Komponisten inspiriert und hat es sich durch seine bisher unerreichten künstlerischen Qualitäten einen Namen gemacht, der bisher von keinem ähnlichen Instrument erreicht worden ist."

„Es ist eine ebenso wahre wie bekannte Tatsache, dass unser Instrument fast überall als Vorbild dient und von den bedeutendsten Harmoniumfabrikanten sowohl in Europa als auch in Amerika zu kopieren versucht wird. Eine durchschlagendere Anerkennung konnte dieser französischen Schöpfung und ihrem Erfinder in der Tat wohl kaum zu Teil werden."

„Das Mustelharmonium ist vor allem ein poetisches Instrument, durchströmt von Schauern aus dem Jenseits. Mit geschlossenen Augen muss man es hören, so wie man nachts dem Flüstern des Windes und dem Plätschern der Wellen lauscht. Es gleicht einer von zauberischen Schwingungen erfüllten Atmosphäre, die der menschlichen Stimme mystische Klangfarbe verleiht und alle Umrisse kaum wahrnehmbar schwanken macht. Glücklich darf sich nennen, wer die Seele dieses modernen Instruments zu beschwören weiß, das wie geschaffen ist zur Offenbarung der ewigen Poesie der Schöpfung, in der Knospenfülle des Frühlings und den süßen Schmerzen der Liebe" (Paul-Armand Silvestre).

Tonumfang: C-c^4
Registerteilung: e^1/f^1
Tonhöhe: a^1 = 454 Hz

Bass C-e^1

1. Percussion ou Cor Anglais 8'
1. Cor Anglais 8'
2. Bourdon 16'
3. Clairon 4'
4. Basson 8'
5. Harpe Eolienne 2'
   (Schwebung 2fach)

Diskant f^1-c^4

1. Percussion ou Flûte 8'
1. Flûte 8'
2. Clarinette 16'
3. Fifre 4'
4. Hautbois 8'
5. Musette 16'
6. Voix Céleste 16'
   (Schwebung 2fach)
7. Baryton 32'

Spielhilfen als Manubrien

0. Forté-Expressif (Bass)
G. Grand-Jeu
E. Expression
0. Forté-Expressif (Diskant)

Spielhilfen als Kniehebel und Hackentritt

2 Kniehebel links und rechts für die Doppel-Expression
Ein Hackentritt zwischen den Pedalen zum Einschalten des Grand-Jeu

Druckwindharmonium
mit Transponiervorrichtung
Alexandre-François Debain, Paris

Im Jahr 2011 erhielt das ORGANEUM von einer deutsch-französischen Familie ein außergewöhnliches Harmonium der Firma Debain als Schenkung. Es handelt sich um ein einspieliges Harmonium mit einem klingenden Tonumfang von C-c^4 mit Expression und einer ungewöhnlichen Transpositionsvorrichtung. Die Klaviatur, die den Umfang von G_1-fis^4 aufweist, lässt sich auf zwölf verschiedene Positionen verschieben, sodass man mit einem Handgriff in alle Tonarten transponieren kann. Das Debain-Harmonium, das von seinem früheren Besitzer wegen Trockenrissen bereits im Bereich der Windlade restauriert worden ist, wurde mit finanzieller Unterstützung des *Förderkreises ORGANEUM in Weener e.V.* durch Orgelbaumeister Harm Kirschner instand gesetzt und um fehlende Teile ergänzt.

Debain Paris

Tonumfang C-c^4
Registerteilung: keine
Tonhöhe: a^1 = 441 Hz

Druckwindharmonium Debain Paris

8-Fuß-Register ohne Ausschaltung (Cor Anglais / Flûte)

Spielhilfe als Manubrium
Expression

Zweimanualiges
Druckwindharmonium
Schiedmayer Pianofortefabrik,
Stuttgart, 2. Hälfte 19. Jahrhundert, private Leihgabe Winfried Dahlke

Bei diesem repräsentativen Druckwindinstrument mit Expression, das von seiner klanglichen Größe gut eine Kirche füllen kann, ist die Disposition eines klassischen Vierspiels auf zwei Manuale verteilt. Die Klaviaturen sind auf den Untertasten mit Elfenbein belegt. Für das erste Register kann eine Perkussion (Hammermechanik) zugeschaltet werden, sodass die Zungen unmittelbar ansprechen. Die Abschwächung (Dolce) des Registers Cor Anglais korrespondiert im Bass mit der Voix Celeste, die hier als 8-Fuß-Schwebung gebaut ist. Das Register Sourdine, eine Abschwächung des Registers Basson, ergänzt im Bass das Register Tremblant, bei dem eine Abschwächung des Registers Hautbois erklingt, die durch einen Tremulanten in ein Tremolo versetzt wird.

Zweimanualiges Druckwindharmonium Schiedmayer

Tonumfang:	C-c^4
Registerteilung:	e^1/f^1
Tonhöhe:	a^1 = 451 Hz

I. Unteres Manual
Bass C-e^1

D Dolce	8'
2 Bourdon	16'
1 Cor Anglais	8'
P Percussion	

Diskant f^1-c^4

V Voix Celeste	(8')
2 Clarinette	16'
1 Flute	8'
P Percussion	

II. Oberes Manual
Bass C-e^1

8 Sourdine	8'
4 Basson	8'
3 Clairon	4'

Diskant f^1-c^4

T Tremblant	8'
4 Hautbois	8'
3 Flageolet	4'

Spielhilfen als Manubrien

F Forté (Bass)
E Expression
G Grand Jeu
C Copula
F Forté (Diskant)

Spielhilfen als Kniehebel

Links: Volles Werk
Rechts: Forteklappen

Einmanualiges Druckwindharmonium Schiedmayer

Einmanualiges
Druckwindharmonium
Schiedmayer Pianofortefabrik, Stuttgart
private Leihgabe Winfried Dahlke

Das kleinere Druckwindharmonium der Pianofortefabrik Schiedmayer ist auch ein Instrument französischer Bauart mit der Registerteilung zwischen e^1 und f^1. Die Disposition umfasst das *klassische Vierspiel* sowie Oktavkoppeln für den Bass und Diskant und Kniehebel für Volles Werk und Forte. Das Instrument hat kein Expressionsventil und ist von daher vielleicht für den Einsatz als gewöhnliches Kirchenharmonium gedacht gewesen. Bei diesem Instrument wurde zum künstlerischen Gebrauch der Magazinbalg reversibel festgesetzt, sodass er sich nicht öffnen kann. Auf diese Weise ist das Spiel mit „Expression" ermöglicht.

Das Instrument hat vier in Bass und Diskant getrennte Forteklappen für die weichen Register 1 (Cor Anglais / Flute) und 2 (Bourdon / Clarinette) sowie für die scharfen Register 3 (Clairon / Fifre) und 4 und (Basson / Hautbois). Diese Forteklappen können über den rechten Knieschweller auch gemeinsam stufenlos bedient werden. Der linke Knieschweller schaltet das Volle Werk (Grand Jeu) ein. Das Instrument jüngerer Bauart hat einen eher weichen und dunklen Klang, der den Saugwindinstrumenten nicht unähnlich ist.

Tonumfang:	C-c^4
Registerteilung:	e^1 / f^1
Tonhöhe:	a^1=435 Hz

Bass C-e^1
4 Basson	8'	
3 Clairon	4'	
2 Bordun	16'	
1 Cor Anglais	8'	

Diskant f^1-c^4
1 Flöte	8'	
2 Clarinette	16'	
3 Fifre	4'	
4 Hautbois	8'	

Spielhilfen als Manubrien
Forte 3 u. 4 (Bass)
Forte 1 u. 2 in Bass
Oktav-Koppel in Bass und Diskant
Forte 3 u. 4 (Diskant)
Forte 1 u. 2 (Diskant)

Spielhilfen als Kniehebel
Links: Volles Werk (Grand-Jeu)
Rechts: Forte

Druckwindharmonium
Hoflieferant Wilhelm Rudolph, Giessen, private Leihgabe Winfried Dahlke

Das Druckwindharmonium des Hoflieferanten Wilhelm Rudolf aus Gießen mit dem Tonumfang C-c^4 ist „zweispielig". Es verfügt über ein 16-Fuß und ein 8-Fuß-

Druckwindharmonium Wilhelm Rudolph

Druckwindharmonium Detail

Register. Der Klang ist voll und warm. Besonderheiten sind der „echte" Tremulant sowie der Expressionszug. Die Registerteilung liegt nach französischen Vorbildern zwischen e^1 und f^1. Beim Spiel mit dem Tremulanten erklingt der 8-Fuß abgeschwächt. Im Bass wird er durch „Piano" ergänzt.

Tonumfang:	C-c^4
Registerteilung:	e^1 / f^1
Tonhöhe:	a^1=431 Hz

Bass C-e^1

Piano	8'
(Abschwächung von Flöte 8')	
Bourdon	16'
Flöte	8'

Diskant f^1-c^4

Englisch-Horn	8'
Clarinette	16'
Tremolo	8'
(Abschwächung von Englisch-Horn mit Tremulant)	

Spielhilfen als Manubrien
Forte (Bass)
Volles Werk
Expression
Forte (Diskant)

Spielhilfen als Kniehebel
Rechts: Volles Werk

Druckwindharmonium
Wilhelm Emmer, Berlin
(Schenkung aus Oldenburg)

Dieses Instrument stellt eine interessante Mischung verschiedener Bauformen dar. Es ist ein Druckwindinstrument mit dem von Saugwindharmonien bekannten Tonum-

Harmonium Emmer Detail

Harmonium Emmer Detail, Signet

fang und einer ungewöhnlichen Registerteilung. Das sehr klangschöne Instrument hat zwei Spiele, die in 8-Fuß und 4-Fuß-Lage klingen.

Tonumfang:	F_1-f^3
Registerteilung:	a°/b°
Tonhöhe:	a^1=434 Hz

Bass F_1-a°

Piano	8'
(Abschwächung von Englisch-Horn 8')	
Schalmei	4'
Englisch-Horn	8'

Diskant b°-f^3

Flöte	8'

Harmonium Wilhelm Emmer

Flageolet 4'
Tremolo 8'
(Abschwächung von Flöte 8' mit Tremulant)

Spielhilfen als Manubrien
Forte Bass
Forte Diskant

Expression
Volles Werk

Spielhilfen als Kniehebel
Rechts: Volles Werk

Zweimanualiges
Druckwindharmonium
Gustav Steinmann

Orgel- und Harmoniumbau Vlotho-Wehrendorf, private Leihgabe B. Korte / Oyten

Dieses zweimanualige Harmonium von Gustav Steinmann ist vermutlich in der Phase der Orgelbewegung in seiner Disposition verändert worden, wie aus nicht originalen Registerschildern und der ungewöhnlichen Disposition abzuleiten ist. Es fehlt das Register Basson / Hautbois 8- Fuß. (Nummer 4). Die Flûte d'amour 8-Fuß ist dagegen ein schwebendes Register, das den

Zweimanualiges Druckwindharmonium Gustav Steinmann

zu erwartenden zweiten 8-Fuß nicht vertreten kann. Vermutlich ist also die Viola 4' im oberen Manual nicht original und an die Stelle des zweiten 8-Fuß-Registers getreten. Diese Vermutung liegt auch darin begründet, dass ihr Registerschild in der Gestaltung unpassend ist. Im unteren Manual hängen die beiden 4-Fuß- Register zusammen. Die Registerschilder sind ebenfalls nicht original. Immerhin wäre ein scharfes 4-Fuß-Register zu erwarten, das mit der Nummer 3 gekennzeichnet sein müsste. Ungewöhnlich ist es, dass die Schwebung auf dem oberen Manual eine 4-Fuß-Schwebung ist. Ansonsten ähnelt die Disposition derjenigen eines Kunstharmoniums. Im Unterschied zu den französischen Instrumenten, die mit wenigen Handgriffen zu öffnen sind, ist diese deutsche Variante mit vielen Schrauben zusammengefügt. Die Bälge und die Perkussion sind in einem sehr guten Zustand und machen das Instrument interessant und gut einsetzbar. Bemerkenswert ist der Umstand, dass die Register in klassischer Weise geteilt sind. Tonumfang und Teilung orientieren sich an französischen Instrumenten.

Unteres Manual C-c⁴
Bass C-e¹
SD Subbass-Dolce   16' (C-H)
(Abschwächung von Subbass)
SB Subbass   16' (C-H)
Viola d'amour   4'
(vermutlich nicht original)

Viola   4'
(vermutlich nicht original)
2 Bourdon   16'
1P Hornecho   8'
(Abschwächung von 1 Horn)

1 Horn   8'
1P Perkussion   8'

Diskant f¹-c⁴
1P Perkussion   8'
1 Flöte   8'
2 Clarinette   16'
   Flöte   4'
   (vermutlich nicht original)
   Viola d'amour   4'
   (vermutlich nicht original)
6 Vox coelestis   16'
7 Baryton   32'

Oberes Manual C-c⁴
Bass C-e¹
   Viola   4'
   (vermutlich nicht original)
33 Aeolsharfe   4'
9 Flûte d'amour   8'

Diskant f¹-c⁴
9 Flûte d'amour   8'
33 Aeolsharfe   4'
   Viola   4'
   (vermutlich nicht original)

Spielhilfen als Manubrien
E Expression
F Forte (Bass / Diskant für unteres Manual)
F Forte (Bass / Diskant für oberes Manual)
MK Manualkoppel Bass
MK Manualkoppel Disk
P Prolongement als Hebel
C-H (außer Funktion)

Spielhilfen als Kniehebel
Links: Volles Werk
Rechts: Forte

Druckwindharmonium

G.F. Steinmeyer & Cie
Orgel- & Harmoniumfabrik Oettingen Bayern, gegründet von Georg Friedrich Steinmeyer (1819-1901)

Das Instrument ist dem ORGANEUM als Schenkung übereignet worden. Wegen starker Trocknungsschäden ist eine Restaurierung notwendig.

Tonumfang: C-c^4
Registerteilung: e^1/f^1
Tonhöhe: nicht feststellbar

Bass C-e^1
Sourdine 8'
2 Bourdon 16'
1 Englisch Horn 8'

Diskant f^1-c^4
1 Flöte 8'
2 Clarinett 16'
Vox Coelestis 8'

Spielhilfen als Manubrien
Forte (Bass)
E Expression
Volles Werk
Tremolo
Forte (Diskant)

Spielhilfen als Kniehebel
Rechts: Volles Werk

Druckwindharmonium G.F. Steinmeyer & Cie

Saugwindharmonien

Kofferharmonium

Firmenschild: voorheen Jac. van Breemen Aalsmeer Orgel-Piano-en Radiohandel

Tonumfang: C-c³
Registerteilung: h°/c¹
Tonhöhe: a^1=436 Hz
8-Fuß-Register als Basisklang

3 Manubrien:
Principal   4' (Bass C-h)
Viola   4' (Diskant c¹-c³)
Forte

Pedalharmonium
Mannborg

Das Pedalharmonium der Firma Mannborg wurde dem ORGANEUM im Jahre 2009 übereignet. Die Harmoniumfabrik Mannborg wurde 1889 durch den Schweden Carl Theodor Mannborg (1861-1930) in der Nähe von Borna gegründet. Er führte das in Amerika verbreitete Saugwindsystem in Deutschland ein. Pedalharmonien sind als Orgelersatz in kleinen Kirchen oder als Übe-Instrumente eingesetzt worden. Hierbei wird der Vorteil der Platz sparenden Harmoniumzungen ge-

Kofferharmonium

Pedalharmonium Mannborg

nutzt, um auf kleinem Raum ein volltönendes Instrument mit mehreren Manualen und Pedal zu verwirklichen. Es gab diese Instrumente auch in der Bauweise, dass über der Pedalklaviatur die für Harmonien üblichen Schöpfbälge angebracht sind. Dann ist es möglich, mit einem Fuß das Orgelpedal zu spielen und mit dem anderen Fuß die Bälge zu bedienen. Das Expressionsspiel ist auf solchen Instrumenten nicht vorgesehen und nicht möglich.

Bei diesem großen Pedalharmonium findet sich an der Stelle der üblichen Schöpfpedale ein spezielles, dreigeteiltes Schwellpedal, mit dem für die zwei Manualwerke und das Pedal der Winddruck und somit die Tonstärke pneumatisch separat oder gemeinsam verändert werden kann. Dieses Harmonium, das vom Prinzip her ein Saugwindinstrument ist, besaß ursprünglich eine externe motorgetriebene Balganlage, die leider nicht erhalten ist. Heute übernimmt ein verkehrt herum angeschlossenes Orgelgebläse diese Funktion.

Tonumfang: $C-c^4$
Registerteilung: keine
Tonhöhe: a^1=439 Hz

Manual I $C-c^4$
Flûte d'amour 8'
(Abschwächung von Diapason)

Diapason	8'
Flöte	4'
Gamba	8'
Vibrator (Fächertremulant)	
Vox Jubilans	8'

(Schwebung zu Diapason, öffnet beide Register)

Musette	8'

(C-$h°$ = Gamba; ab c^1 heller, scharfer 8')

Bourdon	16'

Manual II C-c^4

Vibrator (Fächertremulant)	
Piccolo	4'
Clarinette	16'
Salicional	8'
Clarinette Dolce	16'

(Abschwächung von Clarinette)

Aeolsharfe	8'

(Schwebung zu Salicional; öffnet beide Register)

Pedal C-f^1

Cello	8'
Contra Bass	16'

Spielhilfen als Manubrien

Forte f. unt. Manual
Forte f. ob. Manual
Pedal-Forte
Oktav-Koppel
Manual-Koppel
Pedal-Koppel

Hand-Hebel Musette für volles Werk

(außer Funktion)

2 Tritte für Mezzo Forte und Volles Werk
Originale höhenverstellbare Orgelbank

Amerikanisches Harmonium
Cornish & Co Washington N.J.

Händler: Petrus N. Koppen Amersfoort
Saugwindharmonium mit Zieraufsatz und Spiegel

Tonumfang:	F_1-f^3
Registerteilung:	$e°/f°$
Tonhöhe:	a^1=434 Hz

Bass F_1-$e°$

Principal	4'	
Sub Bass	16'	C-$c°$
Hautboy	4'	

(Abschwächung von Principal)

Diapason	8'
Piano	8'

(Abschwächung von Diapason)

Diskant $f°$-f^3

Viola	8'
Violina	4'

(Abschwächung von Flute)

Flute	4'
Echo	8'

(Abschwächung von Melodia)

Celeste	8'

(1-chörig, schwebend gestimmt)

Melodia	8'

Spielhilfen als Manubrien

Bass Coupler ab $e°$ abwärts
Treble Coupler ab $f°$ aufwärts
Orchestral Forte (Forteklappe für 4')
Diapason Forte (Forteklappe für 8')
Vox Humana (Fächertremulant)

Spielhilfen als Kniehebel

Links: Volles Werk
Rechts: Forte

Amerikanisches Harmonium

Saugwindharmonium Lindholm

Saugwindharmonium
Lindholm, Borna

Das ORGANEUM erhielt im Jahr 2013 ein Lindholm-Harmonium als Schenkung. Der Schwede Olof Lindholm (1866-1949) übernahm 1894 die alte Firma in Borna von Mannborg, als dieser sich mit einer neuen Fabrik in Leipzig vergrößerte. Auch Lindholm baute Instrumente nach dem amerikanischen Saugwindsystem. Dieses Instrument hat einen dreifach umschaltbaren Forteschweller in der Gehäusefront.

Mittels des mittleren Kniehebels wird die Wirkung des rechten Kniehebels umgeschaltet. So kann der rechte Kniehebel entweder auf die Bass- oder die Diskant-Forteklappen wirken oder auf alle gleichzeitig.

Tonumfang:	F_1 bis f^3
Registerteilung:	$e°/f°$
Tonhöhe:	a^1=433 Hz

Bass F_1-e°

7	Subbass	16'	C-c°
6	Aeolsharfe	2'	
3P	Viola Dolce	4'	
3	Viola	4'	
1	Diapason	8'	
1P	Horn-Diapason	8'	
	(Abschwächung von 1)		

Diskant f°-f³

1P	Flauto Dolce	8'
	(Abschwächung von 1)	

1	Melodia	8'
3	Flöte	4'
5	Vox coelestis	8'
4	Seraphone	8'

Spielhilfen als Manubrien

V Vox Humana
Fächertremulant
O.K. Oktav-Koppel im Diskant

Spielhilfen als Kniehebel

Rechts: Schweller für Forteklappen
Mitte: Umschaltung Forteklappen Bass / Diskant / Bass und Diskant
Links: Volles Werk

Saugwindharmonium

M. Hörügel, Leipzig

Tonumfang:	F_1-f^3
Registerteilung:	$e°/f°$
Tonhöhe:	a^1=437 Hz

Saugwindharmonium Hörügel, Signet

Saugwindharmonium Hörügel

Bass F_1-e°

Aeoline 8'
(schwebt zum Fagott,
öffnet beide Register)
Fagott 8'
Diapason 8'
Horn-Echo 8'
(Abschwächung von Diapason)

Diskant f°-f³

Hohlflöte 8'
(Abschwächung von Melodia)
Melodia 8'
Oboe 8'
Aeoline 8'
(schwebt zur Oboe, öffnet beide Register)

Spielhilfen als Manubrien

Bass-Koppel
Diapason Forte im Bass
(Forteklappe)
Prinzipal Forte im Diskant
(Forteklappe)
Vox humana (Fächertremulant)
Diskant-Koppel

Spielhilfen als Kniehebel

Links: Volles Werk
Rechts: Forte

Saugwindharmonium

Max Horn, Zwickau

Tonumfang: F_1-f³
Registerteilung: e°/ f°
Tonhöhe: a^1=432 Hz

Saugwindharmonium Max Horn, Detail

Saugwindharmonium Max Horn

Bass F_1-e°

Flöte 4'
(Abschwächung von Viola)
Viola 4'
Diapason 8'
Diapason dolce 8'
(Abschwächung von Diapason)

Diskant f°-f³

Melodia dolce 8'
(Abschwächung von Melodia)
Melodia 8'
Echo 8'
(Schwebung zu Hornecho,
öffnet beide Register)
Hornecho 8'

Spielhilfen als Manubrien
Forte Bass
Bass Coppler
Diskant Coppler
Vox Humana (Fächertremulant)
Forte Diskant

Spielhilfen als Kniehebel
Links: Volles Werk
Rechts: Forte

Saugwindharmonium
Richard Metzner
Harmoniumfabrik Leipzig – Plagwitz
Ausführung mit niederländischen
Registernamen

Tonumfang: F_1-f^3
Registerteilung: $h°/c^1$
Tonhöhe: a^1=436 Hz

Bass F_1-h°
Bourdon 16' F_1-H_1: 8', C-h°: 16'
Viola   4'
Harp 8' (schwebt zu Cremona 8',
öffnet beide Register)
Cremona   8'
(irrtümlich mit 4' beschriftet)
Diapason   8'
Dulcet   8'
(Abschwächung von Diapason)

Saugwindharmonium Richard Metzner

Diskant c¹-f³

Echo	8'
(Abschwächung von Melodia)	
Melodia	8'
Violine	8'
Harp 8' (schwebt zu Violine, öffnet beide Register)	
Fluit	4'
Clarinet	16'

Spielhilfen als Manubrien
Bas Forte
Bas Koppel
Vox humana (Fächertremulant)
Dis Forte

Spielhilfen als Kniehebel
Links: Volles Werk
Rechts: Forte

Saugwindharmonium
Beyer, Wiehe / Thüringen,
Mitte 20. Jahrhundert

Das Saugwindharmonium des Thüringer Herstellers Beyer (gegründet 1920) repräsentiert die Spätphase des Harmoniumbaus, der dort bis in die 1970er Jahre fortgeführt wurde. Das ausgeklügelte Instrument zeigt ein modernes Äußeres mit Wipptasten zur Einschaltung der Register und einem Gehäuse, dessen Rückwand zur Klangverstärkung geöffnet werden kann. Die Disposition zeigt an den höheren Klanglagen, dass die Orgelbewegung auch den Harmoniumbau in seiner Spätphase erreicht hat. Mehrere Register sind zweifach vorhanden, als volles Register und als Abschwächung. Bei den Registern Gemshorn und Oboe wird das zweite Register durch Klangumfärbung aus der einen Zungenreihe hervorgebracht.

Saugwindharmonium Beyer

Tonumfang: F_1 bis f^3
Registerteilung: $e°/f°$
Tonhöhe: $a^1=442$ Hz

Bass F_1-e°

1. Subbaß 16' C-c°
1a. Subbaß Dolce 16'
(Abschwächung von 1.)
2. Bourdon 16'
(F_1-H_1: 8', C-e°: 16')
2a. Gedeckt 16'
(Abschwächung von 2.)
3. Gamba 8'
4. Cornett 2'
4a. Cornett Echo 2'
(Abschwächung von 4.)
5a. Viola Dolce 4'
(Abschwächung von 5.)
5. Viola 4'
6. Diapason 8'
6a. Baßflöte 8'
Abschwächung von 6.

Diskant f°-f³

7a. Hohlflöte 8'
(Abschwächung von 7.)
7. Melodia 8'
8. Gemshorn 8'
(heller als 7. (nicht im vollen Werk, Zungen wie 8a.)
8a. Oboe 8'
(Umfärbung von 8., Hinzuziehen des jeweils anderen Registers ist hörbar)
9. Flöte 4'
9a. Fernflöte 4'
(Abschwächung von 9.)
10a. Zartflöte 2'
Abschwächung von 10.
10. Waldflöte 2'
11. Violine 8'
zarter 8' (schwebend)

Spielhilfen als Manubrien

Baß Koppel
Vox Humana
Fächertremulant im Diskant
Diskant Koppel

Spielhilfen als Kniehebel

Rechts: Forteklappe (Rückseite) mit Einhak-Auslösemechanik
Links: Registercrescendo mit Einhak-Auslösemechanismus

Es ist noch ein zweites Beyer-Harmonium im Bestand, das gleiche Eigenschaften, jedoch nur eine dreispielige Disposition hat. Die drei Register in 8-Fuß, 4-Fuß und 2-Fuß-Lage sind jeweils doppelt angelegt (voll und abgeschwächt). Dazu gibt es Forteklappen für Bass und Diskant, eine Vox humana (Fächertremulant) sowie eine Bass- und Diskant-Oktavkoppel. Die Register-teilung liegt hier ebenfalls zwischen e° und f°.

Kofferharmonium
Hofberg

Goldschmeding Amsterdam – Haarlem – Rotterdam– Hilversum – Goes – Kampen (Hofberg-Händler)

Tonumfang: C-c³
Registerteilung: h°/c¹
Tonhöhe: $a^1=435$ Hz

Bass C-h°

Viola 4'
Diapason 8'
Diapason dolce 8'
(Abschwächung von Diapason)

Diskant c¹-c³

Melodia dolce	8'
(Abschwächung von Melodia)	
Melodia	8'
Flöte	4'

Spielhilfen als Manubrien

Forte (Bass) und
Forte (Diskant)

Hofberg-Kofferharmonium (Saugwind)

Anhang
Erläuterungen der einzelnen Instrumentenfunktionen

Orgelmodell, Abb. 1: Windversorgung mit Schöpfbalg, Mehrfaltenbalg als Magazinbalg und Windkanal; Balggewichte und Überlaufventil.

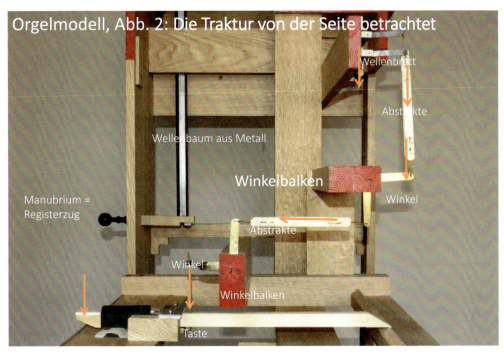

Orgelmodell, Abb. 3: Traktur von hinten betrachtet

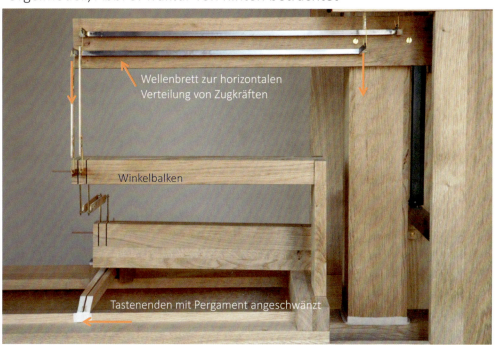

Wellenbrett zur horizontalen Verteilung von Zugkräften

Winkelbalken

Tastenenden mit Pergament angeschwänzt

Orgelmodell Abb. 4: Die Windlade

Pfeifenstöcke, Bohrungen zu den Pfeifen

Tonkanzelle (aufgeschnitten)

Im Windkasten befinden sich die Tonventile, die von Ventilfedern in Ruheposition gehalten werden. Die Ventile werden mit den Abzugsdrähten von der Traktur nach unten aufgezogen. Dort, wo die Drähte durch den Windkastenboden geführt sind, müssen sie gegen Windverlust und Zischen abgedichtet werden. Dies wird durch die Pulpeten gewährleistet, die in sehr verschiedenen Bauformen ausgeführt sein können.

Traktur führt zur Windlade

Die Tonkanzelle im Anschnitt zeigt den Windweg bei gezogenen Schleifen: Es sind die Bohrungen zu erkennen, die durch drei Schichten verlaufen und die übereinander liegen müssen, damit der Wind von der Tonkanzelle in die darüber stehenden Pfeifen gelangen kann. Wenn die mittlere Schicht der Schleifen verschoben ist, kann der Wind nicht zum Pfeifenstock gelangen und das Öffnen des Ventils bleibt für die darüber stehende Pfeife ohne Wirkung.

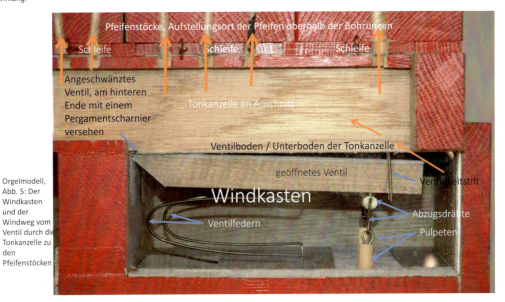

Orgelmodell, Abb. 5: Der Windkasten und der Windweg vom Ventil durch die Tonkanzelle zu den Pfeifenstöcken

Tonerzeugung beim Ruckers-Cembalo: Es sind zwei Reihen von Springern zu sehen, die mit den seitlichen Kielen die Saiten anreißen. Sie stehen in beweglichen Rechen, mit denen die zwei Register an- und ausgeschaltet werden können.

Ein Springer läuft oben in einer Gabel aus, in welcher eine bewegliche Holzzunge sitzt, die den Kiel trägt. Ein Filz dient zur Dämpfung der Saite, wenn der Ton nicht gespielt wird. In der Abwärtsbewegung streift der Kiel noch einmal die Saite, kann mit der beweglichen Zunge aber nach hinten ausweichen. Der Dämpfer beruhigt die noch schwingende Saite.

Die Tonerzeugung beim Clavichord am Beispiel des gebundenen Clavichords nach Chr. G. Hubert

Die hinteren Tastenenden tragen die Messing – Tangenten: Beim Anschlag schlagen sie wie ein „Bund" unter ein Saitenpaar und bringen durch Kürzung der Saiten den gewünschten Ton hervor. Die Töne g und gis haben ein gemeinsames Saitenpaar (gebunden), der Ton a hat ein eigenes Saitenpaar (frei), b und h sind gebunden, usw.

Hinrichs-Tafelklavier, Abb. 1: Hammerköpfe und Dämpfer in Ruheposition

Kleine Dämpfer, die auf dünnen Drähten auf dem hinteren Ende der Tastenwippe stehen und von der Saite abheben, sobald ein Ton gespielt wird.

Im Bass sind die Saiten fein umsponnen

mit Leder bezogene Hammerköpfe der tiefsten Töne

Hinrichs-Tafelklavier Abb. 2 und 3

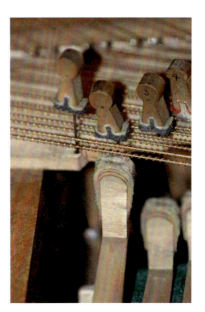

Abb. Links: Das Hinrichs-Tafelklavier hat eine einfache Mechanik (single action), bei der auf den Tasten mit Leder bezogene Stößel angebracht sind, welche die an einem Lederscharnier befestigten Hämmer bei Tastendruck nach oben stoßen.

Abb. Rechts:

Die tiefste Taste ist gedrückt:

Der Hammerkopf links hat sich gehoben und nähert sich dem äußersten Saitenpaar. Der Dämpfer ganz links hat sich mit der Tastenbewegung deutlich von dem Saitenpaar abgehoben, sodass es frei schwingen kann.

Mustel - Kunstharmonium: Anordnung der Registerkanzellen mit den verschiedenen Zungenreihen aus Messing, in der Mitte geteilt für Bass (links) und Diskant (rechts)

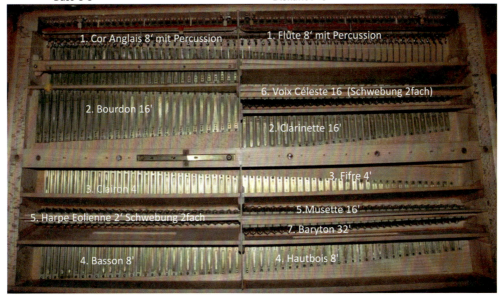

Arp Schnitger
Meister des Orgelbaues

Vor 333 Jahren, im Spätsommer des Jahres 1682, verließ Arp Schnitger, Meister des Orgelbaues, die schwedische Festung und Regierungshauptstadt Stade, um im nahe gelegenen Hamburg eine neue Heimstatt für seine aufblühende Werkstatt zu finden. Stade und die Herzogtümer Bremen und Verden bildeten Ausgangspunkt und Sprungbrett für die Karriere eines genialen „Orgelmachers", dessen Vorrangstellung im nordeuropäischen Orgelbau bis zum heutigen Tag unbestritten ist.

Dabei kam Schnitger nicht aus Bremen-Verden. Seine Wiege stand vielmehr im oldenburgischen Schmalenfleth (Kirchspiel Golzwarden). Dort wurde Arp Schnitger der Jüngere am Sonntag, dem 2. Juli 1648, dem Endjahre des Dreißigjährigen Krieges, geboren und am darauf folgenden Sonntag getauft.

Vom 14. Lebensjahr an erlernte Schnitger bei seinem Vater Arp dem Älteren das Tischlerhandwerk. Grundlage für die vorzügliche handwerkliche Arbeit, die man noch heute an seinen Orgeln bewundern kann. Im Jahre 1666 verließ Schnitger das heimatliche Schmalenfleth, um fünf Jahre bei seinem Vetter Berendt Huß in Glückstadt in die Orgelbaulehre zu gehen. Bei Huß, wie Schnitger ebenfalls Oldenburger, blieb der Orgelbauer – von 1671 an als Geselle – bis zum Tode des Meisters im Jahre 1676. In den letzten Jahren dieses Meister-Geselle Verhältnisses schien Schnitger schon maßgeblich die Arbeit der Huß-schen Werkstatt mitbestimmt zu haben.

Darauf verweist eine Kirchenrechnung der St. Cosmae in Stade von 1673. Die Huß/Schnitger-Orgel in St. Cosmae erstrahlt seit einer durchgreifenden Restaurierung durch den Orgelbauer Jürgen Ahrend aus Leer/Loga im Jahre 1975 in alter Frische und stellt ein außergewöhnliches Zeugnis norddeutscher Orgelbaukunst dar. Das zweite Werk hingegen, an dem Schnitger in seiner Gesellenzeit maßgeblich beteiligt war, die große Orgel St. Wilhadi zu Stade, fiel 1724 einem Turmbrand zum Opfer. Von 1673 an hatte die Werkstatt Huß an dieser Orgel gearbeitet. Arp Schnitger fiel die Aufgabe zu, nach dem Tode seines Meisters als Kurator der Witwe Huß die Arbeiten in St. Wilhadi bis zu deren Abschluss im Jahre 1678 fortzuführen. Schon 1677, mit 29 Jahren, hatte sich Schnitger in Stade als selbständiger Meister niedergelassen. Seine ersten eigenständigen Arbeiten führten ihn nach Borstel, Assel, Jork und an die Orgel der St. Nicolai-Kirche zu Stade. Seinen ersten Neubau führte Schnitger 1678 für die Scharmbecker Kirche aus. Handelte es sich dabei lediglich um ein kleines Positiv, so konnte der Meister sein ganzes Können beim Neubau der dreimanualigen Orgel in Oederquart (1678-82) unter Beweis stellen. Der Prospekt dieser Orgel blieb uns erhalten. Auch die heute in der Cappeler Kirche vorhandene und außergewöhnlich gut erhaltene Orgel der Hamburger Klosterkirche St. Johannis hat Schnitger in seiner Stader Zeit erbaut.

Umbauvertrag mit Arp Schnitger in Borstel 1677, Vorderseite

Schnitgers Ruhm, damals schon so weit gedrungen, dass er in St. Lamberti zu Oldenburg eine Reparatur ausführte und die Domgemeinde Uppsala mit ihm in Verhandlungen trat. 1680 lieferte er eine weitere Orgel nach Hamburg (Nienstedten). Dieser Umstand wie auch ein Umbau in Kirchwerder im Jahre 1681 und der schon erwähnte Neubau in St. Johannis deuteten darauf hin, dass man in der alten Hochburg norddeutschen Orgelbaus, Hamburg, auf Schnitger aufmerksam geworden war. So ereilte den Meister während eines umfassenden Umbaus der (jüngst von Jürgen Ahrend vorbildlich restaurierten) Lüdingworther Orgel ein Auftrag aus Hamburg, der nicht nur für die damalige Zeit als einmalig gelten durfte: In St. Nicolai entstand in den Jahren 1682 – 1687 unter seiner Regie ein Orgelneubau mit 67 Registern, Schnitgers umfangreichstes Werk überhaupt. Leider fiel diese majestätische Orgel dem Hamburger Brand im Jahre 1842 zum Opfer.

Für Schnitger war der Hamburger Auftrag Grund genug, seine Werkstatt von Stade in die norddeutsche Metropole zu verlegen. Hamburg brachte dem jungen Schnitger nicht nur berufliche Anerkennung, sondern auch familiäre Umstellungen. Im Jahre 1684 vermählte er sich mit Gertrud Otto, einer Hamburger Kaufmannstochter. Offenbar hatte er sie in Neuenfelde kennen gelernt, wo ihr Vater einen Hof besaß und wo Schnitger seit 1682 an einer neuen Orgel arbeitete. Dieser Ehe entsprossen zwei Töchter und vier Söhne. Alle vier Söhne waren wie der Vater im Orgelbau tätig. Der erste Sohn, Arp, starb jedoch schon 1712 mit 25 Jahren in Hamburg an der Pest. Der zweite Sohn, Hans, ertrank im Alter von 20 Jahren 1708 in der Elbe. Lediglich Johann Jürgen (Georg) und Franz Caspar führten die Tradition des Vaters fort. Schon 1707 starb seine Frau Gertrud, die im Schnitgerschen Erbbegräbnis in Neuenfelde beigesetzt wurde.

Durch die Ehe mit Gertrud Otto war Schnitger u. a. in den Besitz eines ansehnlichen Hofes auf dem Gelände der ehemaligen Nincoper Kirche (Hof „40 Stücken", heute Orgelbauerhof genannt) gelangt. Der Orgelbauer siedelte mit seiner Werkstatt frühestens 1705 nach Neuenfelde auf den „Orgelbauerhof" über. Freilich war zu der Zeit der Höhepunkt seines Schaffens schon überschritten. Insgesamt hat er etwa 170 Orgeln neu erbaut oder wesentlich umgebaut. Etwa 30 davon sind erhalten.

Schnitgers Bedeutung, insbesondere für den nordeuropäischen Orgelbau, kann nicht hoch genug eingeschätzt werden. Sie bestand nicht nur in einer kaum enden wollenden Vielfalt von Arbeiten. Vielmehr war es so, dass Schnitger die von den Niederlanden her initiierte Blüte norddeutscher Orgelbaukunst zu ihrem Höhepunkt führte. Seine Bauweise war in Norddeutschland bis in die Mitte des 19. Jahrhunderts maßgeblich.

Ohne jeden Zweifel lagen die Hauptschaffensjahre des Meisters zwischen 1680 und 1710. Der frühe Tod seiner ersten Ehefrau und seiner hoffnungsvollen Söhne Arp und Hans mag neben Schnitgers fortgeschrittenem Alter dazu beigetragen haben, dass es um 1710 stiller um ihn wurde.

Im Jahre 1713 vermählte sich Meister Arp mit Anna Elisabeth Koch aus Abbehausen (Oldenburg). Freilich war diese zweite Ehe Schnitgers nicht von langer Dauer. Eine beschwerliche Winterreise zur Jahreswende 1718/19 zu Verhandlungen über einen großen Neubau in Zwolle schien die Gesundheit des 71-jährigen so sehr beeinträchtigt zu haben, dass Meister Arp im Juli 1719 starb. Am 28. Juli 1719 wurde er „mit einer Leichenpredigt von der Canzel" in der Neuenfelder Kirche beigesetzt.

In den letzten Jahrzehnten hat es im norddeutschen Orgelbau eine entschiedene Rückbesinnung auf Schnitgersche Werkprinzipien gegeben. Da ist es interessant, einen der renommiertesten Orgelbauer unserer Tage urteilen zu hören: „Ich kann mich bemühen, exakt nach Schnitgers Mensuren und Legierungen zu arbeiten, - sein Ton und sein Klangreichtum sind unerreichbar."

Arp Schnitger Wappen

„Im Schnitgerschen Wappen ist deutlich der Zirkel, das Berufszeichen der Orgelbauer, erkennbar. Der aus den Wolken ragende Arm deutet darauf hin, dass dem Meister die Kunst des Orgelbaus vom Himmel geschenkt sei. In der Helmzier sind zwei gekreuzte Stimmhörner eingefügt, wie sie zum Stimmen der Orgelpfeifen benutzt wurden. Im Wappenschild seiner Frau deuten eine Blume mit drei Blüten und drei Weizenähren auf ihren ererbten Hof."

Hinzuzufügen sind der Hinweis auf die schwedische Krone in Schnitgers Helmzier sowie auf den Obstbaum in derjenigen seiner Frau.

Nachzeichnung des Wappens am Kirchenstuhl Schnitgers in Neuenfelde.

Quelle: Einzigartiges Altes Land, Isensee Verlag, 2016, Günter G.A. Marklein

Die Autoren

Winfried Dahlke an der Arp-Schnitger-Orgel in der Georgskirche zu Weener

Winfried Dahlke ist seit 2002 Leiter des ORGANEUMs in Weener, einer Einrichtung der Ostfrieslandstiftung der Ostfriesischen Landschaft. Seit 2003 ist er als Orgelsachverständiger und Beauftragter für die Organistenausbildung in der evangelisch-reformierten Kirche tätig. Im Juli 2006 wurde er zum Nachfolger von Harald Vogel als Landeskirchenmusikdirektor der evangelisch-reformierten Kirche berufen. In dieser Eigenschaft ist er auch Orgelsachverständiger für die evangelisch-reformierte Kirche, deren Gemeinden auf mehrere Bundesländer der Bundesrepublik Deutschland verteilt sind. Die evangelisch-reformierte Kirche bewahrt in ihren Gemeinden einen Schatz außerordentlich wertvoller Denkmalsorgeln. Winfried Dahlke ist zudem Direktor des Orgelzentrums ORGANEUM – Orgelakademie Ostfriesland, das im Juli 2006 aus dem ORGANEUM hervorgegangen ist und das in Kooperation von der Ostfrieslandstiftung der Ostfriesischen Landschaft, der evangelisch-reformierten Kirche und der Stadt Weener getragen wird. Er ist Organist an der Orgel in der Großen Reformierten Kirche zu Leer, einem Instrument, das eine über 400-jährige Geschichte aufweist. Darüber hinaus wurde er im Jahr 2013 zum Orgelrevisor der Ev.-luth. Landeskirche Hannovers im Sprengel Ostfriesland-Ems berufen und ist damit insgesamt für den Orgelbestand von rund 400 Instrumenten in evangelisch-reformierten und evangelisch-lutherischen Kirchengemeinden von Ostfriesland bis in die Grafschaft Bentheim verantwortlich. Er hat einen Lehrauftrag an der Hochschule für Künste Bremen für Orgel und Harmoniumspiel inne und ist Mitglied des Arp-Schnitger-Instituts für Orgel und Orgelbau an der Hochschule für Künste Bremen.

Der Fotograf Günter G. A. Marklein, geb. 1942 in Hildesheim. Als freier Fotograf und Autor entstanden zahlreiche Bücher und Bildbände mit Schwerpunkt Norddeutschland: Inseln, Küste, Schifffahrt, aber auch nach der Wende Brandenburg und Sachsen-Anhalt mit breiter Themenvielfalt: Altmärkische Kirchen, Schlösser und Herrenhäuser, Städte und Landschaften, preußisch-deutsche Geschichte, Dokumentationen. Seit 2007 freier Mitarbeiter im Isensee Verlag Oldenburg. Beheimatet heute in der kleinen Herrlichkeit Dornum in Ostfriesland.